Legger

Lewis Carroll

Alice nel paese delle meraviglie

Traduzione di Masolino D'Amico

Illustrazioni di John Tenniel

ARNOLDO MONDADORI
EDITORE

© Copyright 1978 Arnoldo Mondadori Editore S.p.A., Milano
Titolo originale dell'opera
Alice's Adventures in Wonderland

I edizione Oscar Leggere i Classici novembre 1994

ISBN 88-04-39101-7

Questo volume è stato stampato
presso Arnoldo Mondadori Editore S.p.A.
Stabilimento Nuova Stampa – Cles (TN)
Stampato in Italia – Printed in Italy

Ristampe:

1 2 3 4 5 6 7 8 9 10 11 12

1997   1998   1999   2000

Lewis Carroll

La vita

Di carattere schivo, riservato, timido oltre il verosimile, Lewis Carroll, pseudonimo di Charles Lutwidge Dodgson, condusse una vita appartata, priva di avvenimenti di rilievo, dedita interamente all'insegnamento e alla letteratura. Inventore instancabile di indovinelli, rompicapo, giochi di abilità mentale o di destrezza manuale, si trovava a suo agio soltanto di fronte a una platea di piccoli, e soprattutto di bambine, che sapeva intrattenere amorosamente. Nel complesso, una figura che ben simboleggia il clima quieto dell'età vittoriana, caratterizzata per prima cosa dalla riscoperta del focolare domestico.

Nacque a Daresbury, nella contea di Cheshire, non lontano da Manchester, il 27 gennaio 1832, terzogenito di undici figli, primo dei maschi (dopo di lui ne nacquero altri due). Vicario protestante, uomo colto e austero, il padre Charles Dodgson (1800-1868) aveva sposato la cugina Frances Jane Lutwidge (1803-1851). E forse proprio alla consanguineità dei genitori deve essere fatta risalire l'origine della balbuzie di cui tutti i figli soffrirono. Nel 1843 la famiglia si trasferì a Croft, nello Yorkshire, dove Mr. Dodgson fu chiamato a ricoprire l'incarico di rettore. Il futuro scrittore aveva allora undici anni. Sono questi gli anni più belli della sua esistenza, come egli stesso riconobbe in seguito. Già allora, peraltro, rivelò un forte interesse per la matematica e la logica, dando prova, nello stesso tempo, di possedere una sicura inclinazione per la letteratura. Scriveva a quel tempo commedie per marionette che metteva in scena e recitava in famiglia da solo o con l'aiuto delle sorelle. Destinati alla famiglia erano, inoltre, i vari giornalini, tutti manoscritti, che compose e illustrò fra i tredici e i quattordici anni.

Tra il 1844 e il 1846 Charles frequenta la Grammar School di Richmond, dove grande importanza veniva riservata all'educazione linguistica e soprattutto allo studio delle lingue classiche. Nel 1844 pubblica su un gazzettino scolastico il suo primo racconto, The Unknown One (Lo sconosciuto). Nel 1846 si iscrive alla public school di Rugby: rinomato collegio frequentato dai figli delle famiglie bene, aristocratiche o borghesi, nel quale veniva impartita una severissima educazione all'inglese, che il giovane Charles mal sopportava. Nelle note di diario che vergò anni dopo, parlerà di questo periodo come di uno dei più inquieti, lamentandosi soprattutto per l'ambiente soffocante e per le continue vessazioni che gli alunni anziani imponevano ai più giovani. Il malumore provato non gli impedì però di applicarsi nello studio e di distinguersi per i risultati, brillanti specialmente in matematica.

Nel 1850 studia per entrare nel collegio universitario di Christ Church, il maggiore e più prestigioso college di Oxford. Immatricolato il 23 maggio, incontra ben presto il favore del canonico Pusey, che eserciterà sul suo carattere e sulla sua formazione culturale un'influenza decisiva. Intellettuale di rilievo, impegnato nella difesa della fede contro il razionalismo contemporaneo e assestato su posizioni conservatrici, Pusey propose Charles per il posto di *student* che il giovane ottenne nel 1851: un posto ambìto che, secondo il regolamento, vincolava al celibato coloro che lo avessero ricoperto, indirizzandoli a prendere gli ordini minori e facendone membri a vita del collegio. Laureatosi a pieni voti in Scienze matematiche il 18 dicembre 1854, Carroll intraprese l'anno successivo la carriera di insegnante presso il Christ Church (dove restò per quasi mezzo secolo), inizialmente come tutore di un piccolo numero di allievi privati. Nell'autunno 1855 è nominato *Mathematical Lecturer*, titolo equivalente al moderno *College Tutor*. Nello stesso anno, si lega d'amicizia con il nuovo decano, Henry George Liddell. Nell'aprile 1856 ne conosce le figlie, Alice Pleasance, Lorina ed Edith.

Per quel che se ne sa, Carroll non fu tuttavia un buon docente. Fino al 1881 insegnò senza passione, annoiandosi e annoiando i suoi studenti. Con passione si dedicò invece alla fotografia – "il mio unico svago", confidò nel diario –, un hobby che incominciò a coltivare nel 1855 specializzandosi in ritratti. La loro qualità è tale che lo storico della fotografia Helmut Gernsheim si è spinto addirittura ad affermare che Carroll può essere considerato senza esitazione il più notevole fotografo di bambini del XIX secolo. A causa dell'interesse manifestato per le fanciulle, lo scrittore ricevette tuttavia severe critiche, al punto che nel 1880 decise bruscamente di interrompere la sua attività di fotografo.

Era allora un rinomato studioso. Nonché uno scrittore largamente conosciuto, collaboratore fra l'altro delle principali riviste letterarie e di cultura del tempo, da «The Train» a «The Comic Times», «The Oxford Critic», «College Rhymes». Il 22 dicembre 1861 era stato inoltre ordinato diacono. Ma non proseguì nella carriera ecclesiastica, forse anche perché il complesso di inferiorità provocato dalla balbuzie gli faceva considerare con paura l'ipotesi di dover predicare nella cattedrale. Nel 1867 fece un viaggio in Russia con il dottor Liddon, un avvenimento importante nella sua vita poco movimentata. In questa occasione scrisse *The Russian Journal* (*Diario russo*). Morì a Guilford, nei pressi di Londra, dove si era recato con le sorelle a passare le vacanze di Natale, nel 1898.

L'opera

Lewis Carroll volle tenere distinta in modo netto l'attività di scienziato e docente da quella di scrittore. Non per nulla firmò con il proprio cognome soltanto le pubblicazioni di genere saggistico che avevano per argomento problemi di matematica o logico-matematici. Si tratta, peraltro, di una mole assai consistente di testi, caratterizzati talvolta da uno stile eccentrico e arguto (ricordiamo la più impegnativa, *Curiosa Mathematica*, 1888-93).

Con lo pseudonimo, Carroll firmò invece le opere letterarie, in prosa o in versi. Il primo libro di significativo interesse è proprio *Alice's Adventures in Wonderland* (*Alice nel paese delle meraviglie*) edito per la prima volta nel 1865. Segue nel 1869 *Phantasmagoria* (*Fantasmagoria*), un poemetto in sette canti, in cui confluiscono versi usciti precedentemente su diversi periodici. Opera gradevole e spiritosa, racconta della conversazione immaginaria con un piccolo timido fantasma capitato per sbaglio nello studio dello scrittore. Due anni dopo appare il secondo volume del ciclo di Alice, incominciato nel 1868, *Through the*

Looking-Glass and what Alice found There (*Dietro lo specchio e quello che Alice vi trovò*).

Del 1876 è, invece, *The Hunting of the Snark, an Agony in Eight Fits* (*La caccia allo snark, un'agonia in otto fitte*), un altro poemetto, questo in otto canti, che narra delle disavventure di una eterogenea quanto bizzarra brigata che dà la caccia a un animale fantastico, lo Snark, appunto. La tendenza al *nonsense* ha qui un peso tanto rilevante che ha indotto molti interpreti a intravedervi - e a ragione - un'anticipazione della poetica surrealistica. Meno convincenti sono universalmente considerati i due successivi romanzi per ragazzi: *Sylvie and Bruno* (*Silvia e Bruno*) del 1889 e *Sylvie and Bruno concluded* (*Conclusione di Silvia e Bruno*) del 1893. La storia piuttosto sconnessa e farraginosa ha per protagonisti due bambini fatati, figli del governatore della provincia di Outland (la Terra Esterna), che con l'aiuto del Professore di Corte e del Giardiniere Pazzo, tentano di impedire allo zio Sibimet di impadronirsi illecitamente del potere. Appesantiti da molte pagine sdolcinate e moraleggianti, i due libri presentano comunque momenti di schietto umorismo con qualche incursione sul terreno della satira di costume.

In generale, però, bisogna dire che Lewis Carroll mostra il meglio di sé quando, rinunciando agli ammonimenti paterni, dà fondo alla sua sbrigliata inventiva, anzitutto linguistica. La maestria nel creare bisticci lessicali, la disponibilità all'umorismo verbale e logico, la capacità di sottoporre a critica i modelli di comportamento consolidati sono certamente le sue doti più personali. Doti che emergono in modo maturo già nel primo e più celebre romanzo, *Alice nel paese delle meraviglie*: un'opera nata fortuitamente, frutto - viene da dire - di una di quelle meravigliose congiunture che il destino a volte si diverte a creare. Come racconta l'autore nel suo diario (preziosissimo per la moltitudine di informazioni che offre), nel pomeriggio del 4 luglio 1862 Carroll (che aveva allora trent'anni) condusse insieme all'amico Duckworth le tre figlie del decano Liddell a fare una gita in barca sul Tamigi. In quell'occasione si mise a raccontare alle ragazze la storia della bambina Alice finita a capofitto nella tana di un coniglio, senza avere la minima idea di come il racconto sarebbe potuto andare avanti. Negli incontri che seguirono, la storia si allungava, arricchendosi di episodi nuovi, originariamente non previsti. Solo il 13 novembre, tuttavia, Carroll prese a metterla per iscritto (benché probabilmente avesse già annotato qualche spunto o addirittura una traccia di sviluppo). La prima stesura, intitolata *Alice's Adventures Underground* ("Le avventure di Alice sotto la terra"), è pronta nel febbraio 1863. Carroll la dona ad Alice Liddel, delle tre figlie del decano quella a cui era più affezionato, sua vera ispiratrice. Il manoscritto capita nelle mani del romanziere Henry Kinglsley che ne rimane entusiasta e ne propone la pubblicazione. Vinta l'iniziale riluttanza (Carroll aveva il dubbio che la fiaba nata estemporaneamente non fosse in grado di interessare un pubblico vasto), lo scrittore si rimise al lavoro togliendo quelle allusioni e quelle strizzate d'occhio che soltanto lui e il suo ristrettissimo uditorio avrebbero potuto comprendere. Il titolo primitivo fu cambiato prima in *Alice's Hour in Elfland* ("L'ora di Alice nel paese degli Elfi") e poi in quello divenuto definitivo. Vi si trovano aggiunti interi capitoli: «Pig and Pepper» («Maiale e pepe»), «A Mad Tea Party» («Un tè da pazzi»), «Who Stole the Tarts?» («Chi ha rubato le torte?»), «Alice's Evidence» («La testimonianza di Alice»). Inoltre viene ampliato il resoconto del processo al Fante di Cuori che nella versione primigenia non occupava più di una paginetta. Alla fine il manoscritto consegnato all'editore risulta lungo circa il doppio di quello donato alla piccola Liddell. Illustrato da John Tenniel (già famoso per i disegni pubblicati sulla rivista «Punch» e per la sua interpretazione delle *Favole di Esopo*), il romanzo appare, come si è detto, nel dicembre 1865 (ma sul frontespizio fu deciso di apporre la data 1866) presso l'editore Macmillan.

Intricatissima, tanto ricca di fatti da rendere difficoltoso qualunque tentativo di sintesi, la vicenda si dipana in modo libero, con rapidi e imprevedibili passaggi, seguendo più la logica associativa del sogno che non quella razionale, naturalistica del racconto tradizionale, ottocentesco. Il romanzo si distingue, d'altra parte, per la sua originalità di linguaggio. Ciò che balza all'occhio è la grande ricchezza di freddure, modi di dire, paradossi matematici, doppi sensi e allusioni equivoche, e soprattutto bisticci di parole (*jokes*, li chiamano gli inglesi), trovatine bizzarre dislocate in abbondanza lungo la narrazione o con l'intento di dilettare o con quello, più sottile, di mettere in discussione le "abitudini" linguistiche e logiche accettate meccanicamente. Improntata a un grande nitore, la scrittura di *Alice* si impone nondimeno all'attenzione per l'eleganza e la misurata leggerezza verbale. Benché svariati siano i materiali espressivi impiegati dallo scrittore, la narrazione fluisce con naturalezza, senza stonature né stridori.

Singole battute e interi episodi sono peraltro ispirati a quell'immenso repertorio fantastico che è costituito dalle cosiddette *nursery rhymes* ("rime della stanza dei bambini"); un repertorio che nel mondo anglosassone tutti conoscono e che ha contribuito a determinare a fondo l'immaginario collettivo. Si tratta di un insieme foltissimo di filastrocche, indovinelli, scioglilingua, storielle in versi, componimenti poetici di origine popolare. Carroll vi attinge ampiamente e con libertà: prende ciò che gli serve, lo camuffa, lo traveste, lo trasforma fino al midollo. Innesta insomma l'imprevisto nel già familiare, suscitando così in chi legge una gioiosa sorpresa.

Su una tecnica simile si fonda anche il tipico *humour* inglese di cui il romanzo è largamente intessuto. A venire determinato è uno spostamento di significato, "uno scivolare delle cose e delle situazioni" ha scritto Laura Draghi Salvadori "al di fuori del loro posto consueto, producendo una divertente perplessità". L'ironia investe un po' tutte le principali usanze della vita inglese che vengono più o meno benevolmente parodiate: dal rito del tè delle cinque alle buone norme di comportamento, dal gioco del croquet ai procedimenti processuali.

Ad accrescere il fascino del romanzo provvede poi una certa atmosfera onirica percepibile in molte immagini e, in generale, nello stravolgimento della logica razionale, richiamata di continuo e di continuo negata. Proprio la messa in discussione del dispotismo della "ragione raziocinante" costituisce, secondo Pierre Mabille, il motivo di maggiore modernità e di più genuino interesse del libro. Certo è che da esso emerge un invito a godere del piacere dell'assurdo; un invito che con decisione ancora maggiore appare nel secondo romanzo del ciclo, *Dietro lo specchio e quello che Alice vi trovò*, all'interno del quale si trova uno dei capolavori del *nonsense*, il famoso *Jabberwocky*. D'altronde, questa seconda *Alice* nasce, diversamente dalla prima, in modo meditato, sull'onda dell'esperienza felicemente conclusa. Più rigorosa, meglio studiata, appare dunque l'impalcatura del racconto (una partita a scacchi), e più audaci si rivelano le infrazioni alla coerenza verbale.

La fortuna

Per quanto alla sua apparizione l'«Illustraded Times» avesse sentenziato che il libro era tanto stravagante e sciocco da produrre irritazione anziché divertimento, *Alice nel paese delle meraviglie* conquistò subito i lettori, piccoli e grandi. Impossibile tenere il conto del numero delle edizioni che ne sono state fatte, pressoché infinito. Per dare un'idea del consenso che il romanzo incontrò, basta ricordare che fino alla morte dell'autore ne furono vendute centottantamila copie: una cifra considerevole, allora come oggi. Il romanzo nasce d'altro canto in un ambiente, quale è l'età vittoriana, favorevole alla letteratura per l'infanzia che in questa epoca conosce infatti un sviluppo notevole. La comune fiducia nell'esistenza, il raggiunto benessere economico, la tranquillità dell'esistenza quotidiana sono fattori che contribuiscono a spingere i membri del ceto medio a interessarsi ai piccoli dettagli della vita e a valutare positivamente l'innocenza della prima età. Si diffonde così una moderna produzione letteraria destinata ai bambini, sganciata da preoccupazioni moralistiche. E' in questi anni che incominciano a uscire in Gran Bretagna i primi *magazines* per ragazzi: nel 1851 «The Monthly Packet», nel 1866 «Aunt Judy's Magazine», nel 1869 «The Boy's Own Paper» e «Good Words for the Young». Fra gli autori che scrivono per l'infanzia spiccano i nomi di Margaret Gatty, Juliana Horatia Ewing, William Rands, George McDonald. Per l'infanzia scrissero anche i letterati più in vista del tempo, come Charles Dickens, Joseph Rudyard Kipling, William Makepeace Thackeray, Edward Lear. Più tardi, Hilaire Belloc e Walter John De La Mare.

Proprio nell'assenza di toni moralistici deve essere vista la ragione principale del successo di *Alice nel paese delle meraviglie* (e, in generale, del ciclo di Alice). Si tratta del resto di un testo che deve essere giudicato positivamente anche sotto il profilo educativo, in quanto insegna al bambino a vivere con disinvoltura la propria infanzia, a non avere paura dei propri sogni, a concedere il giusto credito alle proprie innocue fantasticherie a occhi aperti, ai propri desideri di onnipotenza. Quello che le avventure di questa disinibita ragazza trasmettono è un messaggio liberatorio, che esclude tuttavia il cedimento a ogni capriccio improvviso. La protagonista non perde mai né il rispetto di sé né il senso della misura, e altrettanto insegna a fare ai piccoli lettori.

Nonostante le molteplici difficoltà di traduzione, *Alice's Adventures in Wonderland* ha avuto del resto un successo mondiale. Il libro è stato tradotto in quasi tutte le lingue immaginabili, compresi il cinese, l'esperanto, lo swahili, perfino il latino e qualche dialetto asiatico o africano. Ai bambini italiani venne proposto per la prima volta nel 1872, nella traduzione filologicamente accurata di T. Pietrocòla-Rossetti. Dopo di allora altri traduttori si sono cimentati con l'arduo testo che, nella versione italiana, perde inevitabilmente molte gag, e fra le più gustose, troppo strettamente legate alla cultura anglosassone del secondo Ottocento. La fortuna editoriale che il romanzo ha incontrato nel nostro secolo anche fuori dei confini britannici sta tuttavia a dimostrare che *Alice* non ha perso il suo smalto e continua ad affascinare ogni lettore, indipendentemente dall'età,

Il successo mondiale del romanzo giustifica, peraltro, i molti adattamenti fatti. A iniziare la serie è Henry Saville Clarke il quale nel 1887 ricavò dal libro un intelligente testo teatrale, messo in scena con successo. Un paio d'anni dopo lo stesso Lewis Carroll diede alle stampe, con il titolo *The Nursery Alice*, una riduzione destinata a un pubblico di piccolissimi. Nel nostro secolo, un libero rifacimento è stato realizzato nel 1951 da Walt Disney. Nello stesso periodo Lou Bunin ne ha fatto un film impiegando nel medesimo tempo attori e marionette. Per il centenario della pubblicazione della prima *Alice*, nel '66, Jonathan Miller ha invece girato un film per la televisione, degno di ricordo per l'ottima interpretazione di John Gielgud, Ralph Richardson e Peter Sellers.

All'opera di Carroll si sono sempre interessati, d'altronde, anche grandi letterati, da Gilbert Keith Chesterton ad André Breton (che nell'*Antologia dello humour nero* definisce Carroll uno dei precursori del surrealismo), da Jorge Luis Borges ad Alberto Moravia. Non solo nel mondo anglosassone, peraltro, è grandissima la popolarità di *Jabberwocky*. Lo scrittore di fantascienza Fredric Brown vi si è addirittura ispirato per un suo romanzo, *Night of the Jabberwock* (*La notte dello Jabberwock*). Né è mancato l'interesse della critica. Per le sue caratteristiche, il ciclo di *Alice* si è prestato anzi a interpretazioni di genere estremamente vario. La grande quantità di simboli in esso rinvenibili ha attirato l'attenzione di interpreti di diversa scuola, orientati verso l'indagine linguistica o verso quella psicoanalitica, interessati a inquadrare la genesi dell'opera nel contesto storico-politico o a metterne in risalto gli elementi di indole antropologica. E forse niente meglio della varietà delle letture compiute (tutte a loro modo valide, in quanto tutte colgono un aspetto particolare dei due romanzi) può rendere conto della complessità linguistico-tematica e della vitalità non ancora sfumata dell'epopea di Alice.

Bibliografia

Prima edizione

Lewis Carroll, *Alice's Adventures in Wonderland*, Oxford, Clarendon Press, 1865.

Su Lewis Carroll

S. Dodgson Collingwood, *The life and letters of Lewis Carroll*, Londra, T. Fisher Unwin, 1898.
I. Bowman, *The Story of Lewis Carroll*, 1899.
W. De La Mare, *Lewis Carroll*, Cambridge, 1930.
H. Williams e F. Madan, *Handbook of the Literature of the rev. Charles Lutwidge Dodgson*, Londra, 1931.
L. Reed, *The life of Lewis Carroll*, Londra, 1932.
S. Leslie, *Lewis Carroll and the Oxford Movement*, in «London Mercury», luglio 1933.
W. Empson, *Some version of Pastoral*, Londra, 1935.
J. W. Krutch, *Psychoanalysing Alice*, in «The Nation», 30 gennaio 1937.
H. M. Ayres, *Carroll's Alice*, New York, 1945.
F. B. Lennon, *Victoria through the Looking-Glass*, 1945.
H. Gernsheim, *Lewis Carroll, Photographer*, Londra, Max Parrish, 1949.
C. Pellizzi, *Il nonsense di Lewis Carroll*, in «La fiera letteraria», 11 settembre 1949.
P. Alexander, *Logic and humour of Lewis Carroll*, Leeds, 1951.
D. Hudson, *Lewis Carroll*, Londra, Constable, 1954.
P. Greenacre, *Swift and Carroll: A Psychoanalytic Study of Two Lives*, New York, International Universities Press, 1955.
E. Zolla, *Nota su Lewis Carroll*, in «Aut Aut», gennaio 1957.
R. L. Green, *Lewis Carroll*, Londra, The Bodley Head, 1960.

R. L. Green (a cura di), *The Lewis Carroll Handbook*, Londra, Oxford University Press, 1962.

F. B. Lennon, *The life of Lewis Carroll*, New York, 1962.

D. F. Kirk, *Lewis Carroll semeiotician*, Università della Florida, 1962.

F. Cavallone, *Uno specchio per Alice*, in «Linus», dicembre 1967.

L. Draghi Salvadori, *Lewis Carroll*, Firenze, Le Monnier, 1968.

P. Citati, *Che cosa ha trovato Alice dietro il magico specchio*, in «Il Giorno», 22 dicembre 1971.

G. F. Corsini, *Alice continua a turbare i critici*, in «Paese Sera», 11 febbraio 1972.

G. Bonura, *Questa Alice non finisce mai di stupirci*, in «Avvenire», 6 febbraio 1972.

J. Gattegno, *Lewis Carroll, une vie*, Parigi, Editions du Seuil, 1974 (trad. it. *Lewis Carroll. Vita e arte del "doppio" di Charles Lutwidge Dodgson*, Milano, Bompiani, 1980).

E. Bonessio di Terzet, *Esperienza estetica e realtà*, Roma, Città Nuova Editrice, 1976.

G. Almansi, *Come scrivere ad Alice*, in «Il Verri», novembre 1976.

G. Poole, *Il nonsense di Lewis Carroll*, in «Il Verri», novembre 1976.

P. Gullì Pugliatti, *Sul raccontare storie, sul nominare, sul significare in «Alice in Wonderland» e «Trough the Looking-glass and what Alice found»*, in AA.VV, *Scritti in onore di Salvatore Pugliatti*, Milano, 1978.

G. Celati (a cura di), *Alice disambientata*, L'Erba voglio, 1978.

V. Savioli, *La sorellina ricca di Pinocchio*, in «Noi donne», 23 aprile 1978.

G. Raboni, *Alice è un capolavoro? Questo Carroll è meglio*, in «Il Giorno», 3 dicembre 1978.

L. Paolozzi, *Le parole-spugna del reverendo Dodgson, alias Lewis Carroll*, in «Rinascita», 23 febbraio 1979.

E. Guiliano, *Lewis Carroll*, University Press of Virginia, 1980.

G. Buttafava, *Tutto quello che vide Alice*, in «L'Espresso», 16 novembre 1980.

J. L. Borges, *Lewis Carroll*, «La nouvelle revue française», 1° settembre 1980.

L. Pozzi, appendice a *Da Ramus a Kant: il dibattito sulla sillogistica*, Milano, Franco Angeli, 1981.

P. Citati, *Carroll mediocre turista*, in «Il Corriere della Sera», 22 marzo 1981.

M. Griffi, Ma la struttura era un vuoto, capite?, in «Carte Segrete», gennaio 1982.
L. Anselmi, Matto come Alice, in «Il Resto del Carlino», 27 agosto 1982.
P. Capitano, Traduzioni russe e italiane delle parodie poetiche in «Alice in Wonderland», in «Lingua e stile», settembre 1983.
N. Orengo, Ultime meraviglie nel paese di Alice, in «Tuttolibri», 26 ottobre 1985.
R. Loy, Cara Alice..., in «Paragone», dicembre 1985.
L. Mancinelli Ma quante Alici, reverendo Carroll, in «Il Secolo XIX», 11 dicembre 1985.
P. Citati, Lewis Carroll ad Alice uscita dallo specchio, in «Il Corriere della Sera», 18 dicembre 1985.
J. Fisher, The magic of Lewis Carroll (trad. it. La magia di Lewis Carroll, Roma-Napoli, Theoria, 1986).
G. Watson, Tory Alice, in «The American Scholar», autunno 1986.
P. Milano, Cara Alice ti scrivo, in« L'Espresso», 25 ottobre 1985.
S. Perosa, Alice nel paese del mass-media, in «Il Corriere della Sera», 19 febbraio 1989.
C. M. Cluny, Le Snark et comment l'avoir, in «L'Express», 29 dicembre 1989.
E. Pieiller, Lewis Carroll au complet, in «La Quinzaine littéraire» 1-15 marzo 1990.

Alice nel paese delle meraviglie

Per tutto l'aureo pomeriggio
Galleggiamo beati
Avendo incauti entrambi i remi
Alle bimbe affidati,
Le cui manine ora pretendono
Guidare i nostri fati.

Crudele Trio! Così esigevi
Nell'ora del languore
Una novella da un alito
Privo d'ogni vigore.
E come opporsi alla richiesta
Di tre voci sonore?

« Comincia! » fa imperiosa
Prima, la più esigente;
Con garbo poi Secunda si augura
« Che ci siano nonsensi »;
« Non t'interrompo » dice Tertia:
Vuole esser diligente.

E quindi scende giù il silenzio.
Sulle ali del pensiero
La bimba sogna che percorre
La terra del mistero,
Con gli animali che le parlano...
E sembra quasi vero.

E sempre quando inaridita
Parea l'ispirazione
E lui tentava di sospendere
Stanco, la narrazione:

« Domani il resto... » « Oggi è domani! »
Era l'implorazione.

E così delle Meraviglie
La Terra fu creata,
Con i suoi mille fatti strani...
A storia terminata
Si voga allegri verso casa.
Finita è la giornata.

Alice! Accogli questa fiaba
E con gentile mano
L'intreccio di ricordi e sogni
Riponilo, ma piano,
Come del pellegrino i fiori
Che vengon di lontano.

Capitolo I
Nella Tana del Coniglio

Alice cominciava a non poterne più di stare sulla panca accanto alla sorella, senza far niente; una volta o due aveva provato a sbirciare il libro che la sorella leggeva, ma non c'erano figure né dialoghi, « e a che serve un libro », aveva pensato Alice, « senza figure e senza dialoghi? ».

Ragion per cui stava cercando di decidere fra sé (meglio che poteva, perché il caldo della giornata la faceva sentire torpida e istupidita) se il piacere di confezionare una collana di margherite sarebbe valso la pena di alzarsi e cogliere i fiori, quand'ecco che d'un tratto le passò accanto di corsa un coniglio bianco dagli occhi rosa.

In questo non c'era niente di tanto notevole; né ad Alice parve dopotutto così straordinario sentire il Coniglio dire fra sé: « Povero me! Povero me! Sto facendo tardi! » (ripensandoci in seguito, le venne in mente che avrebbe dovuto meravigliarsi, ma lì per lì la cosa le sembrò assolutamente naturale); ma quando il Coniglio estrasse veramente un orologio dal taschino del panciotto, lo guardò e affrettò il passo, Alice saltò in piedi, perché le balenò nella mente di non avere mai visto prima di allora un coniglio fornito di panciotto e di taschino, per non parlare di orologi; e, bruciando di curiosità, lo inseguì di corsa per il campo, dove fece appena in tempo a vederlo sparire in una gran buca sotto la siepe.

Un attimo dopo Alice si era infilata dietro a lui, senza minimamente riflettere a come avrebbe poi fatto per uscire.

Per un po' la tana si prolungava come una galleria, ma a un certo punto sprofondava all'improvviso, tanto all'improvviso che Alice non ebbe neanche un momento per pensare a fermarsi; e si trovò a precipitare giù per quello che pareva un pozzo assai profondo.

O il pozzo era assai profondo, o la sua caduta assai lenta: il fatto è che Alice ebbe tutto il tempo, precipitando, di guardarsi intorno e di chiedersi cos'altro le sarebbe accaduto a questo punto. Dapprima cercò di guardare in basso e di distinguere la sua destinazione, ma era troppo buio per vedere nulla; allora guardò le pareti del pozzo, e notò che queste erano piene di credenze e scaffali; qua e là vide appesi quadri e carte geografiche. Prese al passaggio un vasetto da uno scaffale. L'etichetta diceva MARMELLATA DI ARANCE, ma con sua grande delusione il vasetto era vuoto; Alice non volle lasciarlo cadere, per paura di ammazzare qualcuno sotto, e fece in modo di posarlo sopra una credenza, sempre durante la caduta.

« Be'! » pensava fra sé, « dopo una caduta come questa, ruzzolare per le scale mi sembrerà uno scherzo! Chissà che diranno a casa del mio coraggio! Non direi una parola nemmeno se cascassi dal tetto di casa! » (e di questo si può star certi).

Giù, giù, sempre più giù. Sarebbe mai finita quella caduta? « Mi domando quante miglia avrò percorso, a quest'ora! » disse forte. « Secondo me mi sto avvicinando al centro della terra. Vediamo un po'; sarebbero quattromila miglia di profondità, mi pare... » (perché, sapete, Alice aveva imparato a lezione diverse cosette del genere, e benché questa non fosse poi un'occasione ideale per fare sfoggio di cultura, dal momento che non c'era nessuno ad ascoltarla, ripeterle era pur sempre un buon esercizio) « ... sì, più o meno la distanza è questa... ma a questo punto vorrei sapere a che latitudine e longitudine sono arrivata. » (Alice non aveva la minima idea di cosa fosse la latitudine, per non parlare della longitudine, ma le sembravano dei simpatici paroloni con cui riempirsi la bocca.)

A questo punto ricominciò. « Mi domando se non finirò per attraversare la terra da una parte all'altra! Sarà buffo sbucare fuori fra la gente che va in giro a testa in giù. Agli Antidoti, mi pare... » (fu piuttosto contenta che non ci fosse nessuno a sentirla, stavolta, dato che la parola suonava decisamente sbagliata) « ... però il nome del paese dovrò chiederlo. Scusi, signora, questa è l'Australia o la Nuova Zelanda? » (e cercò, parlando, di fare la riverenza; pensate, fare la riverenza mentre si sta cadendo nel vuoto! E voi ci riuscireste?) « Ma così mi prenderanno per un'ignorante! No, meglio non chiedere; forse lo vedrò scritto in qualche posto. »

Giù, giù, sempre più giù. Non c'era altro da fare, ragion per cui Alice riprese ben presto a parlare. « E Dinah? Che farà senza di me? » (Dinah era la gatta.) « Speriamo che si ricordino di darle il suo piattino di latte all'ora del tè. Povera Dinah! Come vorrei averti qui con me! Mi sa che di topi per aria non ne troveresti, ma potresti acchiappare un pipistrello, che assomiglia moltissimo a un topo, sai. Chissà però se i gatti mangiano i pipistrelli? » E a questo punto Alice cominciò a sentire un gran sonno, e continuò a ripetere fra sé, come in un dormiveglia: « I gatti mangiano i pipistrelli? I gatti mangiano i pipistrelli? » e qualche volta: « I pipistrelli mangiano i gatti? » perché, capite, siccome non sapeva rispondere a nessuna delle due domande, non faceva gran differenza come le formulava. Sentì che si appisolava, e aveva appena cominciato a sognare di andare a spasso per mano a Dinah, e di dirle, in tutta serietà: « Ora dimmi la verità, Dinah: hai mai mangiato un pipistrello? » quando a un tratto, tu-tum! atterrò su un mucchio di ramoscelli e foglie secche, e la caduta finì.

Alice non si era fatta alcun male, e in un attimo fu in piedi; guardò in alto, ma sopra era tutto buio; davanti aveva un altro lungo cunicolo, in fondo al quale era ancora visibile il Coniglio Bianco che correva. Non c'era un momento da perdere; Alice partì come il vento, e fece appena in tempo a sentirgli dire, mentre svoltava un angolo: « Oh, orecchi miei, baffi miei, com'è tardi! ». Quando svoltò l'angolo a sua volta lo aveva quasi raggiunto, ma il Coniglio non era più in vista; e Alice si trovò in un vestibolo lungo e basso, illuminato da una fila di lampade che pendevano dal soffitto.

Intorno alla stanza c'erano tante porte, ma tutte chiuse a chiave; e dopo aver percorso prima un lato e poi l'altro, provando ciascuna porta, Alice venne mogia mogia in mezzo al vestibolo, chiedendosi come fare per uscirne.

Quand'ecco che si imbatté in un tavolinetto a tre gambe, tutto di vetro massiccio: sopra non c'era altro che una minuscola chiave d'oro, e Alice pensò subito che potesse appartenere a una delle porte del vestibolo; ma ahimè! O le serrature erano troppo grandi, o la chiave troppo piccina, sta di fatto che non ne aprì nessuna.

Però al secondo tentativo Alice trovò una tenda bassa che prima non aveva notato, e dietro, una porticina non più alta di una quarantina di centimetri; provò la chiavetta d'oro in quella serratura, e con sua grande gioia vide che funzionava!

Alice aprì la porticina e trovò che dava su un corridoietto non molto più ampio di una tana di topo; s'inginocchiò e guardò lungo il corridoio, e vide che in fondo c'era il più bel giardino che avesse mai visto. Come le sarebbe piaciuto uscire da quel vestibolo buio e andare fra quelle aiuole di fiori vivaci e quelle fontane d'acqua fresca! Ma non riuscì a infilare nella porta nemmeno la testa; « e anche se la testa passasse » pensò la povera Alice « servirebbe a ben poco senza le spalle. Se potessi rinchiudermi come un cannocchiale! Credo che ci riuscirei, se sapessi come cominciare. » Perché, capite, ultimamente erano successe tante di quelle cose straordinarie che Alice aveva cominciato a credere che di impossibile non ci fosse quasi più nulla.

Capì che non serviva a molto restare in attesa accanto alla porticina, così tornò al tavolo, quasi sperando di trovarci un'altra chiave, o quantomeno un libro che spiegasse come si chiudono le persone a mo' di cannocchiali: e stavolta ci trovò una bottiglina (« che certo prima non c'era » disse Alice), e attaccato al collo della bottiglina un cartellino con la parola BEVIMI scritta in bei caratteri grandi.

Si fa presto a dire « bevimi », ma la saggia piccola Alice non voleva farlo alla leggera. « No, prima guardo » disse « per vedere se c'è scritto *veleno* o no »: poiché ella aveva letto tante belle storielline di bambine che si erano scottate, o erano state divorate da animali feroci, e altre cose spiacevoli, tutto perché non avevano voluto saperne di ricordare le semplici istruzioni ricevute dalle persone amiche: per esempio, che un attizzatoio rovente finirà per scottarti se lo tieni per troppo tempo; e che se ti tagli il dito molto profondamente con un coltello, di solito esce il sangue; e non aveva mai dimenticato che se bevi troppo del contenuto di una bottiglia contrassegnata *veleno*, è quasi certo che prima o poi te ne pentirai.

Comunque, questa bottiglia non era contrassegnata *veleno*, e Alice si arrischiò ad assaggiarla; e avendone trovato il sapore eccellente (era una specie di miscuglio di torta di ciliege, crema, ananas, tacchino arrosto, caramella mou e pane abbrustolito col burro), ben presto l'ebbe finita tutta quanta.

*   *   *   *   *
  *   *   *   *
*   *   *   *   *

« Che strana sensazione! » disse Alice. « Direi che mi sto richiudendo come un cannocchiale! »

Ed era vero: adesso era alta soltanto venticinque centimetri e il viso le si illuminò al pensiero di avere ora l'altezza giusta per passare dalla porticina ed entrare in quel bel giardino. Prima però attese qualche minuto per vedere se sarebbe diminuita ancora, pensiero che la rese un po' nervosa; «perché potrebbe finire, sai» si disse Alice «con la mia sparizione totale, come una candela. Mi domando come sarei allora?» E cercò di immaginare com'è la fiamma di una candela spenta, cosa che non riusciva a ricordarsi di avere mai visto.

Dopo un po', vedendo che non succedeva più nulla, decise di procedere nel giardino senza altri indugi; ma ahimè, povera Alice! quando fu sulla porta, scoprì di avere dimenticato la chiavetta d'oro, e quando tornò a prenderla al tavolino, trovò che non ci arrivava più: la vedeva benissimo attraverso il vetro, e fece del suo meglio per arrampicarsi su per una zampa del tavolino, ma scivolava troppo; e quando i tentativi l'ebbero stremata, la poverina si mise a sedere in terra e scoppiò a piangere.

«Su, non serve a niente piangere così!» si disse Alice, in tono un po' secco. «Ti consiglio di smetterla immediatamente!» In genere si dava degli ottimi consigli (benché poi li seguisse molto di rado), e qualche volta si sgridava con tanta severità da farsi venire le lacrime agli occhi; e una volta si ricordò di aver cercato di prendersi a scapaccioni perché aveva barato a una partita di croquet che disputava contro se stessa. Questa curiosa bambina amava molto fingere di essere due persone diverse. «Ma ora è inutile» rifletté la povera Alice, «fare finta di essere due persone! Con quello che mi rimane non c'è nemmeno di che fare una sola persona degna di questo nome!»

Poco dopo però l'occhio le cadde su di una scatolina di vetro che stava sotto il tavolino; l'aprì, e vi trovò dentro un minuscolo pasticcino, con la parola MANGIAMI formata chiaramente da tante uvette. «Be', io lo mangio», disse Alice, «così se mi fa crescere, arrivo a prendere la chiave; e se mi fa diminuire, potrò strisciare sotto la porta. In un modo o nell'altro riuscirò a entrare nel giardino, perciò non mi importa di quel che potrà accadere.»

Ne mangiò un pezzetto e si disse con ansia: «Su o giù? Su o giù?» tenendosi la mano sulla testa per sentire se cresceva o diminuiva; e restò sorpresissima trovando che rimaneva delle stesse dimensioni. Noi sappiamo che questo è quanto avviene di solito a chi mangia un pasticcino; ma Alice si era già talmente abituata ad aspettarsi solo avvenimenti fuori del comune, che le pareva noioso e banale da parte della vita procedere nel modo consueto.

Così si mise al lavoro, e ben presto ebbe finito il pasticcino.

*   *   *   *   *
   *   *   *   *
*   *   *   *   *

Capitolo II
Il Laghetto delle Lacrime

Stranissimissimo! » gridò Alice (dalla sorpresa aveva momentaneamente dimenticato le regole della grammatica). « Mi sto allungando come il cannocchiale più grande che sia mai esistito! Addio, piedi! » (perché quando si guardò i piedi, giù in basso, le parvero quasi invisibili, tanto si stavano allontanando). « Oh, poveri piedini miei, chi ve le infilerà le calze e le scarpe, carini? Certo io non potrò più! Sarò troppo lontana per potermi occupare di voi; arrangiatevi un po' da soli... » « Meglio essere gentile con loro, però », rifletté Alice, « o come niente non vorranno più andare nella direzione che dirò io! Vediamo. Gli regalerò un paio di scarpe nuove ogni Natale. »

E continuò a progettare come avrebbe fatto. « Bisognerà mandargliele per corriere », pensò; « sarà buffo davvero, mandare regali ai propri piedi! E come sarà strano l'indirizzo!

> Ill.mo Sig. Piede Destro di Alice
> Tappetino,
> accanto al Parafuoco.
> (con tanti auguri da parte di Alice).

Povera me, che sciocchezze sto dicendo! »

Proprio in questo momento picchiò il capo contro il soffitto del vestibolo: infatti ormai era alta più di due metri e mezzo, e subito afferrò la chiavettina d'oro e si precipitò alla porta del giardino.

Povera Alice! Il massimo che poté fare fu sbirciare nel giardino con un occhio solo, lunga distesa su un fianco; passare dall'altra parte era un'impresa più disperata che mai. Alice si tirò su a sedere e ricominciò a piangere.

« Vergogna », diceva, « grande e grossa come sei » (e poteva ben dirlo), « piangere in questo modo! Smetti immediatamente, ti dico! » Ma continuò lo stesso, versando fiumi di lacrime, finché non fu circondata da un vero e proprio laghetto profondo circa dieci centimetri che arrivava fino a metà del vestibolo.

Dopo un po' Alice sentì un leggero scalpiccìo in lontananza, e si affrettò ad asciugarsi gli occhi per vedere chi veniva. Era il Coniglio Bianco di ritorno, vestito sontuosamente, con un paio di guanti bianchi di capretto in una mano e un gran ventaglio nell'altra: veniva trottando in gran fretta, e borbottava fra sé: « Oh! la Duchessa, la Duchessa! Oh! Come si arrabbierà se la faccio aspettare! ». Dalla disperazione Alice avrebbe chiesto aiuto a chicchessia; così, quando il Coniglio le fu vicino, cominciò a voce bassa, timida: « Scusi, signore... ». Il Coniglio trasalì violentemente, lasciò cadere i guanti bianchi di capretto e il ventaglio, e sgambettò via nel buio a tutta velocità.

Alice raccolse il ventaglio e i guanti, e siccome faceva un gran caldo nel vestibolo, si mise a sventagliarsi senza sosta mentre continuava a parlare. « Povera me! Quante stranezze oggi! Pensare che ieri tutto era come al solito. Fossi cambiata io durante la notte? Fammi pensare: ero la stessa stamattina quando mi sono alzata? Quasi quasi mi sembra di essermi sentita un po' diversa. Ma se non sono la stessa, la domanda è: "Chi mai sarò?" Ah, eccolo, il grande punto interrogativo! » E si mise a passare mentalmente in rassegna tutte le bambine della sua età che conosceva, per vedere se per caso si fosse mutata in una di loro.

«Di certo non sono Ada», disse, «lei è tutta boccoli, e io non ne ho affatto; e di certo non sono Mabel, perché io so un sacco di cose, e lei ne sa tanto poche! E poi, lei è lei, e io sono io, e... povera me, che rompicapo! Proviamo un po' se so ancora tutte le cose che sapevo. Vediamo: cinque per quattro fa dodici, e sei per quattro fa tredici, e sette per quattro fa... povera me! In questo modo a venti non ci arriverò mai! Va bene, la Tavola Pitagorica non fa testo; proviamo la Geografia. Londra è la capitale di Parigi, e Parigi è la capitale di Roma, e Roma... no, è tutto sbagliato, ne sono sicura! Mi hanno scambiato con Mabel! Voglio provare a recitare *"L'industrioso..."* Incrociò le mani sul grembo come quando ripeteva la lezione e cominciò a recitare la poesia, ma la sua voce aveva un suono rauco e strano, e le parole che uscirono non erano quelle consuete:

> « L'industrioso coccodrillo
> Migliora la sua coda
> Quando la risciacqua arzillo
> Del Nilo sulla proda!
>
> Com'è affabile e accogliente
> E ride a crepapelle
> Quando riceve i pesciolini
> Nelle ospiti mascelle! »

« Queste non sono le parole giuste, ne sono sicura », disse la povera Alice, e gli occhi le si riempirono nuovamente di lacrime mentre proseguiva, « e allora vuol dire che sono Mabel, e mi toccherà andare ad abitare in quella casa piccola e brutta senza quasi balocchi per giocare, e con tante lezioni da studiare! No, ho deciso: se sono Mabel, io resto quaggiù! Si affaccino pure a dirmi: *"Torna su, cara!"* Io li guarderò e dirò: *"Ma chi sono? Prima ditemelo, e poi, se sono una persona che mi va, torno su; altrimenti resto qui finché non sono diventata qualcun'altra..."* ma povera me! » esclamò Alice con uno scoppio improvviso di pianto. « Come vorrei che si affacciassero! Non ne posso più di stare quaggiù tutta sola! »

Mentre diceva queste parole, abbassò lo sguardo sulle sue mani, ed ebbe la sorpresa di vedere che parlando si era infilata uno dei guantini bianchi di capretto del Coniglio. « Come ho fatto? » pensò. « Forse sto ridiventando piccola. » Si alzò e andò al tavolino per misurarsi, e trovò che adesso era alta, ad occhio e croce, sessanta centimetri, e continuava a diminuire rapidamente; ben presto scoprì che la causa di ciò era il ventaglio che stringeva, e lo buttò via in fretta, appena in tempo per evitare di scomparire del tutto.

« Per un pelo! » disse Alice, piuttosto spaventata per quel cambiamento improvviso, ma felicissima di trovarsi ancora in vita. « E ora al giardino! » E tornò di corsa alla porticina; ma ahimè! La porticina era chiusa un'altra volta, e la chiavettina d'oro era come prima sul tavolino di vetro, « e le cose vanno di male in peggio », pensò la povera bambina, « perché così piccola non lo sono mai stata, mai! È proprio un disastro, parola d'onore! »

Proprio mentre diceva queste parole scivolò, e un attimo dopo, plaf! si trovò immersa fino al collo nell'acqua salata. Sulle prime pensò di essere caduta, in qualche modo, in mare, « nel qual caso potrò tornare a casa in treno », si disse. (Alice era stata al mare una sola volta in vita sua, e ne aveva tratto la conclusione che dovunque si vada sulla costa inglese, si trova un certo numero di macchine da bagno nell'acqua, dei bambini che scavano nella sabbia con palette di legno, quindi una fila di pensioni, e dietro queste una stazione ferroviaria.) Però si rese ben presto conto di trovarsi, invece, nel laghetto di lacrime che aveva versato quando era alta più di due metri e mezzo.

« Ah, se non avessi pianto tanto! » disse Alice mentre nuotava in cerca di una sponda. « Ed ecco ora la punizione: finirò annegata nelle mie stesse lacrime! Sarà proprio una cosa strana. Ma oggi è tutto strano. »

Proprio allora sentì qualcosa che sguazzava nel laghetto poco lontano da lei, e si avvicinò a nuoto per scoprire di che si trattasse; sulle prime pensò che fosse un tricheco o un ippopotamo, ma poi si ricordò della piccolezza delle sue attuali dimensioni, e ben presto vide che era solo un topo, scivolato in acqua come lei.

« Chissà se potrebbe servire a qualcosa ora », rifletté Alice, « parlare a questo topo? Tutto è talmente straordinario quaggiù che se mi rispondesse non mi meraviglierei. Tentar non nuoce, in ogni modo. » E cominciò: « O Topo, sai come uscire da questo laghetto? Non ne posso più di nuotare qua e là, o Topo! ». (Alice pensava che questo fosse il modo giusto di apostrofare un topo: era la prima volta che le capitava una cosa simile, ma ricordava di aver visto, nella Grammatica Latina di suo fratello, « Il topo-del topo-al topo-il topo-o topo! » Il topo la guardò con aria alquanto interrogativa, e a lei parve che strizzasse uno dei suoi occhietti; ma non disse nulla.

« Forse non capisce l'inglese », pensò Alice. « Come niente è un topo francese, venuto al seguito di Guglielmo il Conquistatore. » (Perché malgrado tutte le sue nozioni in fatto di storia, Alice non aveva troppo chiaro in testa quanto tempo prima fossero accadute le varie cose.) Così riprese: « Où est ma chatte? » che era la prima

frase della sua grammatica francese. Il Topo spiccò un balzo **improv**viso fuori dall'acqua e parve scosso da tremiti di paura. « Oh, scusami tanto! » si affrettò a esclamare Alice, temendo di avere offeso la povera bestiola. « Adesso non pensavo che non ti piacciono i gatti. »

« Che non mi piacciono i gatti! » gridò il Topo con voce stridula e piena di passione. « Perché, a te piacerebbero al mio posto? »

« Be', forse no », disse Alice, conciliante. « Non ti arrabbiare. Eppure vorrei tanto farti conoscere la nostra gatta Dinah. Secondo me ti basterebbe vederla, e faresti subito la pace con i gatti. Non sai quanto è cara e buona », continuò Alice, quasi fra sé, mentre nuotava pigramente senza mèta: « se ne sta così carina a fare le fusa accanto al fuoco, a leccarsi le zampette e a pulirsi il musino... è talmente soffice e morbida quando la prendi in braccio... e di una tale bravura ad acchiappare i sorci... oh, scusami tanto! » esclamò di nuovo Alice, perché stavolta il Topo stava rizzando il pelo dappertutto, e Alice fu certa di averlo offeso per davvero. « Non parliamone più se non vuoi. »

« Brava, usa il plurale! » esclamò il Topo, che tremava fino alla punta della coda. « Come se io potessi avere intenzione di parlare di una cosa simile! La nostra famiglia ha sempre odiato i gatti: razza esecrabile, rozza, volgare! Non farmene più sentire neanche il nome! »

« No davvero! » disse Alice, affrettandosi a cambiare argomento. « E ti piacciono... ti piacciono... i cani? » Il Topo non rispose, e Alice proseguì con foga: « C'è un cagnolino talmente carino accanto a casa nostra, che vorrei fartelo conoscere! Un piccolo terrier, sai, con certi occhietti vispi e il pelo marrone, talmente lungo e riccio! Pensa, ti riporta tutto quello che gli butti, si siede per chiedere da mangiare, insomma, sa fare un sacco di cose... non me le ricordo mai tutte... Il padrone è un contadino che dice che è utilissimo, vale cento sterline! Dice che ammazza tutti i ratti, e... povera me! » esclamò Alice in tono addolorato. « Temo di averlo offeso un'altra volta! » perché il Topo si allontanava da lei a tutta velocità, mettendo in subbuglio le acque del laghetto.

Così lei lo richiamò sommessamente: « Topo caro! Torna, ti prego, e non parleremo più né di gatti né di cani, se non ti piacciono! » Quando il Topo la sentì, fece dietrofront e tornò nuotando lentamente verso di lei: il suo volto era pallidissimo (d'ira, pensò Alice), e disse con voce bassa e tremante: « Andiamo a riva, e poi ti racconterò la mia storia, e capirai la ragione del mio odio per cani e gatti. »

Era proprio tempo di andare, perché il laghetto si stava riempiendo di una folla di uccelli e di altri animali che c'erano caduti dentro: c'era un'Anatra e un Dodo, un Pappagallo e un Aquilotto, e molte altre curiose creature. Alice si mise in testa, e tutto il gruppetto guadagnò a nuoto la riva.

Capitolo III
Una Corsa Elettorale e una Lunga Storia

Facevano davvero una strana comitiva, riuniti lì sulla sponda: gli uccelli con le penne infangate, gli animali con il pelo tutto appiccicato addosso, e tutti zuppi, infreddoliti e di malumore.

Il primo problema era naturalmente come fare per asciugarsi: si consultarono a questo proposito, e in capo a qualche minuto Alice si trovò a chiacchierare familiarmente con gli altri come se li avesse conosciuti da sempre. Col Pappagallo ebbe addirittura una discussione piuttosto lunga, tanto che quello finì per mettere il broncio e dire soltanto: « Io ho più anni di te e la so più lunga ». Alice non voleva ammetterlo senza sapere quanti anni avesse l'altro, e siccome il Pappagallo si rifiutò categoricamente di rivelare la propria età, non rimase più nulla da aggiungere.

Finalmente il Topo, che lì in mezzo sembrava godere di una certa autorità, disse forte: « Sedetevi tutti e statemi a sentire! Ci penso io a seccarvi in poco tempo! » Subito tutti si sedettero formando un ampio circolo col Topo in mezzo. Alice non staccava gli occhi da lui con una certa ansia, perché era sicura che se non avesse fatto presto ad asciugarsi avrebbe preso un brutto raffreddore.

« Ahem! » disse il Topo con aria d'importanza. « Siete tutti pronti? Ecco la cosa più seccante che conosco. Silenzio intorno, per favore! "Guglielmo il Conquistatore, la cui causa era appoggiata dal papa, ottenne ben presto la sottomissione degli Inglesi, che mancavano di condottieri e che negli ultimi tempi avevano sperimentato con frequenza usurpazioni e conquiste. Edwin e Morcar, conti della Mercia e della Northumbria..." »

« Brrr! » disse il Pappagallo, rabbrividendo.

« Prego! » disse il Topo accigliandosi, ma in tono molto educato. « Hai detto qualcosa? »

« No, no! » si affrettò a dire il Pappagallo.

« Mi era parso », disse il Topo. « Vado avanti. "Edwin e Morcar, signori della Mercia e della Northumbria, optarono per lui; e persino Stigand, il patriottico arcivescovo di Canterbury, trovò opportuno..." »

« Chi trovò? » disse l'Anatra.

« Trovò *opportuno* », rispose il Topo, abbastanza seccato: « lo saprai cosa vuol dire opportuno, no? »

« Io so quello che trovo io quando trovo qualcosa », disse l'Anatra; « di solito è un verme o una rana. La questione è: "cosa trovò l'arcivescovo?" »

Il Topo non rilevò la domanda, ma continuò in fretta: « "...trovò opportuno muovere con Edgar Atheling incontro a Guglielmo onde offrirgli la corona. In principio il contegno di Guglielmo fu moderato. Ma l'insolenza dei suoi Normanni..." Come va ora, mia cara? » continuò rivolto ad Alice.

« Sono bagnata come prima », disse Alice in tono malinconico. « Direi che non mi asciuga affatto. »

« In questo caso », disse solennemente il Dodo alzandosi in piedi, « propongo l'aggiornamento dell'assemblea, nonché l'immediata adozione di provvedimenti più energici... »

« Parla inglese! » disse l'Aquilotto. « Io la metà di quei paroloni non so cosa vogliano dire, e credo neanche tu, del resto! » E l'Aquilotto chinò il capo per nascondere un sorriso: qualcuno degli altri uccelli ridacchiò distintamente.

« Volevo dire », disse il Dodo in tono offeso, « che la cosa migliore per asciugarci tutti sarebbe una Corsa Elettorale. »

« Che cosa è una Corsa Elettorale? » disse Alice; non che avesse poi tanta curiosità di saperlo, ma il Dodo aveva fatto una pausa come attendendosi che qualcun altro intervenisse a quel punto, e nessuno sembrava avere intenzione di dir nulla.

« Be' », disse il Dodo, « il modo migliore per spiegarla è di farla. »

(E nel caso che voleste provarci anche voi, in una giornata d'inverno, vi descriverò l'organizzazione del Dodo.)

Per prima cosa il Dodo tracciò una pista, vagamente circolare (« la forma esatta non ha importanza », disse) e poi tutta la comitiva vi fu distribuita, un po' qua e un po' là. Non ci fu nessun « Uno, due, tre, via! » ma ciascuno partiva quando voleva e si fermava quando voleva, così che non era facile capire quando finiva la corsa. In ogni modo dopo una mezz'oretta che correvano o giù di lì, quando tutti furono di nuovo asciutti, il Dodo gridò all'improvviso: « Fine della corsa! » e tutti gli si affollarono intorno, ansanti, a chiedergli: « Ma chi ha vinto? »

A questa domanda il Dodo non poteva rispondere senza lunga riflessione, e rimase pertanto a lungo con un dito premuto sulla fronte (posa in cui di solito vedete ritratto Shakespeare), mentre tutti gli altri aspettavano in silenzio. Finalmente il Dodo disse: « Hanno vinto tutti, e tutti debbono ricevere un premio ».

« Ma chi li dà, i premi? » rispose un coro di voci.

« Lei, naturalmente », disse il Dodo, puntando un dito verso Alice; e tutti le si accalcarono subito intorno chiassosamente, gridando: « I premi! I premi! ».

Alice non aveva idea di cosa fare, e nella disperazione si mise una mano in tasca estraendone una scatola di canditi (dove per fortuna l'acqua salata non era penetrata), che distribuì come premi. Ce ne fu precisamente uno per ciascuno.

« Ma anche lei deve avere un premio », disse il Topo.

« Certo », rispose il Dodo con molta gravità. « Che altro hai in tasca? » continuò, rivolto ad Alice.

« Solo un ditale », disse triste Alice.

« Dài qua », disse il Dodo.

E di nuovo si affollarono intorno a lei, mentre il Dodo le consegnava solennemente il ditale, dicendo: « Ti preghiamo di accettare questo elegante ditale ». Al termine di questo breve discorso tutti applaudirono.

Ad Alice tutto ciò pareva assolutamente assurdo, ma gli altri avevano un'aria tanto seria che non osò ridere; e non sapendo cosa dire, si limitò a fare una riverenza e a prendere il ditale, con l'aria più solenne che poté.

Non rimaneva che mangiare i dolci, il che provocò un certo trambusto perché gli uccelli più grandi protestarono di non aver sentito neanche il sapore del loro, mentre a quelli piccoli il candito andò di traverso e bisognò batterli sulla schiena. In ogni modo finì anche questa, e si rimisero seduti in cerchio, a pregare il Topo di raccontare qualche altra cosa.

« Ti ricordi che mi hai promesso di raccontarmi la tua storia », disse Alice, « con la ragione del tuo odio per... C e G », aggiunse sottovoce, quasi temendo di offenderlo un'altra volta.

« La mia storia ha una coda lunga e triste! » disse il Topo, voltandosi verso Alice e tirando un sospiro.

« Che è lunga lo vedo », disse Alice guardando perplessa la coda del Topo; « ma perché dici che è triste? » E continuò a rimuginare questo problema mentre il Topo parlava, ragion per cui l'idea che si fece della storia fu qualcosa di simile a questo:

Furia disse a
un topino In-
contrato un
mattino, "Ti
propongo
un bel gio-
co: Vo-
glio fare
un proces-
so. Tu sa-
rai l'impu-
tato, Io farò
l'avvocato.
Su, non
perdere
tempo,
Comin-
ciamo
da ades-
so." Gli
rispose
il sorcet-
to, "Qui
con tutto
il rispetto
Manca il
giudice
e man-
ca la
legitti-
ma corte."
"Son io
il giu-
dice,
caro,"
Disse
Furia
all'i-
gnaro:
"Pri-
ma
ascol-
to la
causa,
Poi ti
condan-
no a
mor-
te."

« Non stai a sentire! » disse il Topo ad Alice, in tono severo. « A che pensi? »

« Chiedo scusa », disse Alice in tutta umiltà. « Eri arrivato alla quinta curva, vero? »

« Neanche per sogno! » esclamò secco il Topo, molto irritato.

« Un nodo! » disse Alice, guardandosi attorno ansiosa di rendersi utile. « Lascia che ti aiuti a scioglierlo! »

« Non ci penso nemmeno », disse il Topo alzandosi e allontanandosi. « Tu mi insulti con le tue stupidaggini! »

« Non volevo! » implorò la povera Alice. « Ma fai tanto presto a offenderti, tu! »

Per tutta risposta il Topo emise un grugnito.

« Torna indietro, ti prego, e finiscimi la tua storia! » gli gridò dietro Alice. E gli altri si unirono tutti in coro: « Sì, per favore! » Ma il Topo per tutta risposta scosse il capo con impazienza, accelerando il passo.

« Peccato non sia voluto restare! » sospirò il Pappagallo appena l'altro fu scomparso. E una vecchia Granchia colse l'occasione per dire alla figlia: « Hai visto, cara? Da questo impara a non perdere mai la pazienza! » « Ma sta' zitta, mamma! » disse la Granchiolina, un po' stizzosa. «Tu la pazienza la faresti perdere anche a un'ostrica!»

«Come vorrei che fosse qui la nostra Dinah!» disse forte Alice, senza rivolgersi a nessuno in particolare. «Lei sì che lo riporterebbe subito indietro!»

«E chi è Dinah, se posso permettermi la domanda?» disse il Pappagallo.

Alice rispose con entusiasmo, perché era sempre pronta a parlare della sua bestiola: «Dinah è la nostra gatta. Non avete idea di com'è brava ad acchiappare i topi! E gli uccelli, poi! Se la vedeste! Non fa in tempo a guardare un uccellino, e l'ha già in bocca!»

Queste parole ebbero un notevole effetto sulla comitiva. Alcuni uccelli se ne andarono subito e in gran fretta; una vecchia Gazza si mise a imbacuccarsi con gran cura, osservando: «Debbo proprio rincasare ora, l'aria della sera non mi giova alla gola!» e una Canarina chiamò con voce tremante i bambini: «Venite, cari! A quest'ora dovreste essere a letto da un pezzo!». Con vari pretesti tutti si allontanarono, e ben presto Alice rimase sola.

«Ho fatto male a parlare di Dinah!» disse fra sé in tono malinconico. «A quanto pare quaggiù non è simpatica a nessuno, ma per me è la migliore gatta del mondo! Oh, mia cara Dinah! Chissà se ti rivedrò mai più!» E a questo punto la povera Alice si rimise a piangere, poiché si sentiva molto sola e depressa. Dopo un po', ad ogni modo, udì nuovamente un fruscìo di piccoli passi in lontananza, e alzò ansiosamente gli occhi, quasi sperando che il Topo avesse cambiato idea e stesse tornando per terminare la sua storia.

Capitolo IV
Il Coniglio presenta un Conticino

Era il Coniglio Bianco che tornava a un trotto lento, guardandosi intorno ansiosamente come chi ha smarrito qualcosa; e Alice lo sentì mormorare fra sé: « La Duchessa! La Duchessa! Oh, zampette mie care! Oh, pelo mio, baffi miei! Mi farà tagliare la testa, quanto è vero che i furetti sono furetti! Ma dove li avrò posati, mi domando? » Alice indovinò subito che il Coniglio stava cercando il ventaglio e i guanti bianchi di capretto, e con molta buona volontà si mise a cercarli anche lei; ma non si vedevano in nessun posto: tutto pareva cambiato dopo la nuotata nel laghetto, e l'ampio vestibolo, con il tavolino di vetro e la porticina, era scomparso del tutto.

Ben presto il Coniglio notò Alice che frugava qua e là, e le disse forte, con asprezza: « Ehi, Mary Ann, che ci fai qui? Corri subito a casa e portami un paio di guanti e un ventaglio! Su, sbrigati! ». E Alice ne fu così spaventata che partì di corsa nella direzione indicata dal Coniglio, senza provarsi a spiegargli il suo errore.

« Mi ha preso per la sua governante » si disse mentre correva. « Chissà la sorpresa quando scoprirà chi sono! Intanto però sarà meglio che gli porti il ventaglio e i guanti... se li trovo. » Così dicendo, arrivò a una linda casetta che aveva sulla porta una lucente targa di ottone con inciso il nome "C. BIANCO". Alice entrò senza bussare e salì le scale di corsa, con una gran paura di incontrare la vera Mary Ann e di esserne scacciata prima di aver trovato il ventaglio e i guanti.

« Ma che stranezza », si disse Alice, « far commissioni per conto di un coniglio! Andrà a finire che anche Dinah si metterà a darmi degli incarichi! » E cominciò a fantasticare su come si sarebbe svolta la cosa: «"Signorina Alice! Venga subito qui a prepararsi per la passeggiata!" "Vengo fra un momento, balia! Devo fare la guardia a questa tana di topo fino al ritorno di Dinah, altrimenti il topo esce." Però non credo», continuò Alice, «che ce la terrebbero ancora molto, in casa, se si mettesse a dare ordini a destra e a sinistra!»

Frattanto era arrivata in una cameretta immacolata con un tavolino davanti alla finestra, e su questo (come aveva sperato) un ventaglio e due o tre paia di piccoli guanti bianchi di capretto: prese il ventaglio e un paio di guanti, e stava per uscire dalla stanza quando l'occhio le cadde su una bottiglina accanto allo specchio. Stavolta non c'era l'etichetta con la scritta BEVIMI, ma Alice la stappò lo stesso e se la portò alle labbra. «Tutte le volte che mangio o bevo», si disse, «succede qualcosa di interessante, lo so di sicuro; perciò voglio vedere cosa può fare questa bottiglia. Speriamo che mi faccia ridiventare grande, perché non ne posso più di essere così piccina!»

Andò proprio così, e molto più presto di quanto Alice si aspettasse: prima di essere arrivata a metà della boccetta si trovò col capo che premeva contro il soffitto, e dovette piegarsi per non rompersi il collo. Rimise giù in fretta la bottiglia, dicendosi: «Basta... spero di non crescere più... Già così non posso uscire dalla porta... Come vorrei non aver bevuto tanto!»

Ahimè! Era troppo tardi per esprimere questo desiderio! Continuò a crescere e crescere, e ben presto dovette inginocchiarsi sul pavimento: dopo un altro minuto non c'entrava più neanche così, e provò a mettersi distesa con un gomito contro l'uscio, e l'altro braccio avvolto intorno al capo. Però continuava a crescere; come ultima risorsa, sporse un braccio fuori della finestra e infilò un piede su per il camino, e si disse: «Ora, succeda quel che succeda, non posso fare altro. Che ne sarà di me?».

A questo punto, per fortuna di Alice, la bottiglina magica aveva sortito tutto il suo effetto, e la crescita cessò; tuttavia la posizione era assai scomoda, e dal momento che non si vedeva alcuna possibilità di uscire mai più da quella stanza non è meraviglia che Alice si sentisse alquanto triste.

«Si stava molto meglio a casa», pensava la povera Alice, «senza crescere e diminuire tutto il tempo, e senza farsi comandare da topi e conigli. Quasi quasi mi pento di essere scesa in quella tana... eppure... eppure... questo tipo di vita è abbastanza curioso, no? Chissà che cosa mi è successo. Quando leggevo le favole credevo che cose di quel genere non succedessero mai, ed ecco che mi trovo nel bel mezzo di una fiaba! Dovrebbero scrivere un libro su di me, ecco! E quando sarò grande ne scriverò uno io... ma sono già grande » aggiunse in tono doloroso. « Almeno, qui dentro di spazio per crescere non ce n'è più. »

« Forse però », pensò Alice, « vuol dire che non diventerò mai più vecchia di così. In un certo senso è una consolazione... non arrivare mai alla vecchiaia... ma d'altro canto... dover continuare a studiare le lezioni in eterno! Oh, questo non mi piacerebbe! »

« Ma che sciocca sei, Alice! » si rispose. « Come vuoi studiare le lezioni qua dentro? Quasi non c'entri tu, figuriamoci i libri! »

E continuò così, esaminando la cosa prima da un punto di vista e poi dall'altro, e facendo nell'insieme una bella conversazione; ma dopo qualche minuto sentì una voce fuori, e s'interruppe per ascoltare.

« Mary Ann! Mary Ann! » diceva la voce. « Portami immediatamente i guanti! » Poi si sentì un piccolo scalpiccio di piedi per le scale. Alice sapeva che era il Coniglio che veniva a cercarla, e tremò fino a scuotere la casa, del tutto dimentica di essere ora circa mille volte più grande del Coniglio, e di non avere quindi la minima ragione di temerlo.

Ecco che il Coniglio arrivò alla porta e tentò di aprirla; ma siccome la porta si apriva verso l'interno, e il gomito di Alice la puntellava nel senso opposto, il tentativo fallì. Alice lo sentì dire fra sé: « Quand'è così, faccio il giro ed entro dalla finestra ».

« Nossignore! » pensò Alice, e dopo avere aspettato fin quando non le parve di udire il Coniglio proprio sotto la finestra, tese improvvisamente la mano aperta e fece come per afferrare qualcosa in aria. Non afferrò niente, ma udì uno strilletto e un tonfo, un rumore di vetri rotti, dal quale dedusse che era possibile che il Coniglio fosse caduto sopra una serra o qualcosa del genere.

Poi venne una voce adirata, quella del Coniglio: « Pat! Pat! Dove sei? ». E quindi una voce che Alice non aveva mai sentito: « Sono qui! Scavo le mele, illustrissimo! ».

« Ma bravo! » disse il Coniglio, irritato. « Vieni qua e aiutami a venir fuori! » (Altro rumore di vetri rotti.)

« E ora dimmi, Pat, cos'è quella cosa nella finestra! »

« Un braccio è, illustrissimo! » (Lo pronunciò "beraccio".)

« Un braccio, bravo scemo! Hai mai visto un braccio di quelle dimensioni? Riempie tutta la finestra! »

« La riempie sì, illustrissimo; ma sempre braccio è. »

« Be', in ogni modo non è quello il suo posto: va' a toglierlo di mezzo. »

Dopodiché ci fu un lungo silenzio, e Alice non riuscì più a sentire, di quando in quando, che dei mormorii, come: «Certo, non è che mi vada tanto, illustrissimo, anzi, per niente!» «Fai come ti dico, fifone!» Finalmente Alice tese di nuovo la mano aperta e la richiuse come prima. Stavolta ci furono *due* strilletti, e un nuovo rumore di vetri infranti. «Chissà quante serre ci sono!» pensò Alice. «Mi domando che altro faranno ora! Quanto a tirarmi fuori dalla finestra, vorrei proprio che fosse possibile! Di certo qui non ci voglio più restare!»

Attese per qualche tempo senza sentire altro. Finalmente giunse un rumore sordo di piccole ruote, e diverse voci che parlavano tutte insieme: «Dov'è l'altra scala?» «Io ne devo portare una sola. L'altra ce l'ha Bill.» «Bill! Su, da bravo, portala qua! Ecco, appoggiamole qui all'angolo. No, prima legatele insieme. Ancora non arrivano neanche a metà.» «Ma sì, non c'è male, può funzionare. Non esageriamo. Ehi, Bill! Agguanta questa fune.» «Reggerà il tetto?» «Bada a quella tegola, non è fissata bene: cade! Giù la testa!» (un tonfo sonoro) «Allora, chi era?» «Mi pare Bill.» «Chi scende giù per il camino?» «Io no, caro mio! Vacci tu!» «Allora neanch'io!» «Tocca a Bill.» «Forza, Bill! Il padrone dice che devi scendere tu dal camino!»

«Ah! Sicché Bill deve scendere dal camino, eh?» si disse Alice. «A quanto pare fanno fare tutto a Bill! Non vorrei proprio essere al suo posto. Va bene che il camino è stretto; ma un calcetto credo di poterlo tirare!»

Infilò il piede nel camino quanto poté, e attese finché non sentì un animaletto (di quale specie non poté indovinarlo) che si addentrava a graffi e tentoni nella canna sopra di lei; allora, dicendosi: «Questo è Bill», sferrò un calcio secco, e attese per vedere cosa sarebbe successo a quel punto.

La prima cosa che udì fu un coro generale di «Ecco Bill!»; poi la voce isolata del Coniglio: «Acchiappatelo, voi che siete vicini alla siepe!» poi silenzio, e poi un'altra confusione di voci: «Tenetegli su la testa... su... il brandy... lo soffocate... ehi, amico, com'è andata? Che ti è successo? Racconta!».

Da ultimo arrivò una vocina fioca e stridula. («È Bill», pensò Alice.) «Be', non lo so... basta, grazie; sto meglio ora... ma sono un po' troppo scombussolato per parlare... so solo che mi è arrivato addosso una specie di misirizzi, e mi sono trovato in aria come un razzo! »

« Proprio così, vecchio! » dissero gli altri.

« Bisogna bruciare la casa! » disse la voce del Coniglio, e Alice esclamò più forte che poté: « Se lo fate, chiamo Dinah e ve la sguinzaglio contro! ».

Si fece subito un silenzio di morte, e Alice pensò fra sé: « Chissà che faranno ora! Se avessero un po' di giudizio, toglierebbero il tetto ». Dopo un paio di minuti quelli ricominciarono a muoversi, e Alice sentì il Coniglio che diceva: « Una carriolata basta, per cominciare ».

« Una carriolata di che? » pensò Alice. Ma i suoi dubbi non durarono a lungo, perché un attimo dopo dalla finestra arrivò crepitando una pioggia di sassolini, alcuni dei quali la colpirono in faccia. « Gliela faccio smettere subito », si disse Alice e gridò: « Meglio che non ci riproviate! » il che produsse un altro silenzio mortale.

Alice notò un po' sorpresa che i ciottoli sul pavimento diventavano tanti pasticcini, e le venne un'idea brillante. « Se ne mangio uno » pensò « cambierò certo di statura; e siccome più grande di così non posso diventare, immagino che mi renderà più piccola. »

Così ingoiò un pasticcino, e con gran gioia vide che cominciava subito a ridursi. Appena fu abbastanza piccola da passare dalla porta, uscì di corsa dalla casa, e fuori trovò ad aspettarla una folla di animaletti e di uccelli. La povera Lucertolina, Bill, era nel mezzo, sorretta da due porcellini d'India, che le davano da bere qualcosa da una bottiglia. Nel momento in cui Alice apparve, tutti fecero per precipitarsi verso di lei, ma Alice scappò di corsa più velocemente che poté, e presto fu in salvo in un fitto bosco.

« La prima cosa da fare » si disse Alice mentre vagava nel bosco « è tornare alla mia statura normale; e la seconda è trovare la strada che porta in quel bel giardino. Per me questo è il programma migliore. »

Senza dubbio sembrava un programma eccellente, e articolato con grande chiarezza e semplicità; l'unico inconveniente era che Alice non aveva la più piccola idea di come metterlo in atto; e mentre scrutava un po' ansiosa fra gli alberi, dei piccoli latrati secchi proprio sopra la sua testa le fecero repentinamente alzare lo sguardo.

Un enorme cucciolo la guardava con grandi occhi rotondi, e tendeva debolmente una zampa cercando di toccarla. « Povera bestiola! » disse Alice in tono carezzevole, e fece del suo meglio per fargli un fischio; ma intanto aveva una gran paura che il cucciolo fosse affamato, nel qual caso era assai probabile che, nonostante tutti i suoi vezzeggiamenti, l'avrebbe divorata.

Senza quasi sapere quel che faceva, Alice raccolse un rametto e lo tese al cucciolo. Quello saltò subito in aria con un latrato di gioia, si precipitò verso il rametto e fece per azzannarlo; allora per non essere travolta Alice si riparò dietro a un grande cardo, e come si riaffacciò dall'altro lato della pianta il cucciolo spiccò di nuovo la corsa verso il rametto, capitombolando per terra nella foga. Allora Alice, pensando che era come ruzzare con un cavallo da tiro e aspettandosi di finire calpestata da un momento all'altro, riparò di nuovo dietro il cardo; il cucciolo iniziò una serie di brevi assalti al rametto, avanzando di corsa un pochino ogni volta e arretrando di parecchio, continuando a latrare rauco tutto il tempo, finché da ultimo non si mise a sedere a una buona distanza, ansante, con la lingua penzoloni e i grandi occhi semichiusi.

Questa parve ad Alice una occasione propizia per fuggire: partì subito, e corse finché non fu stanchissima e senza fiato, e finché i latrati del cucciolo non furono diventati debolissimi in lontananza.

« Però, che caro cucciolino era! » disse Alice appoggiandosi contro un ranuncolo per riposarsi e facendosi vento con una foglia.

« Mi sarebbe tanto piaciuto insegnargli dei giochi, se... se fossi stata delle proporzioni adatte! Povera me! Mi ero quasi scordata che ora devo crescere un'altra volta! Vediamo... come si può fare? Immagino che dovrei mangiare o bere qualcosa; ma il gran problema è: "Cosa?" »

Il gran problema era certo: « Cosa? ». Alice guardò intorno da ogni parte i fiori e l'erba, ma non vide niente che paresse la cosa giusta da mangiare o da bere in quella circostanza. Lì vicino si ergeva un grande fungo, alto press'a poco come lei: e quando ebbe guardato sotto il fungo, e da entrambi i lati del fungo, e dietro il fungo, le venne in mente che tanto valeva guardare anche cosa ci fosse sopra.

Si alzò in punta di piedi e sbirciò oltre l'orlo del fungo, e i suoi occhi immediatamente incontrarono quelli di un grande bruco azzurro che era seduto in cima al fungo, a braccia conserte, intento a fumare in silenzio un lungo narghilè, senza minimamente curarsi di lei né di alcuna altra cosa.

Capitolo V
I Consigli di un Bruco

Il Bruco e Alice si guardarono in silenzio per qualche tempo. Da ultimo il Bruco si tolse di bocca il narghilè e l'apostrofò con voce languida, assonnata.

« E chi sei tu? » disse il Bruco.

Come inizio di conversazione non era incoraggiante. Alice rispose, un po' imbarazzata: « Ehm... veramente non saprei, signore, almeno per ora... cioè, stamattina quando mi sono alzata lo sapevo, ma da allora credo di essere cambiata diverse volte. »

« Che vorresti dire? » disse il Bruco, secco. « Spiegati meglio! »

« Temo di non potermi spiegare, signore » disse Alice « perché non sono io. »

« Non capisco » disse il Bruco.

« Temo di non poter essere più chiara di così » rispose Alice con molto garbo, « perché purtroppo io sono la prima a non capirci nulla; e poi cambiare dimensioni tante volte in un giorno solo finisce per scombussolarti parecchio. »

« Macché » disse il Bruco.

« Non le sarà ancora capitato » disse Alice; « ma quando dovrà trasformarsi in crisalide... lo sa che le succederà, un giorno o l'altro, no... e poi in farfalla; io dico che si sentirà un po' strano, non crede? »

« Neanche per sogno » disse il Bruco.

« Si vede che lei la pensa in un altro modo » disse Alice. « Io so solo che *io* mi sentirei molto strana. »

« Tu! » disse il Bruco con disprezzo. « E chi sei tu? »

Col che la conversazione tornava al punto di partenza. Alice provò una certa irritazione per la secchezza dei commenti del Bruco. Si raddrizzò e gli disse, molto seria: « Secondo me, toccherebbe a lei presentarsi per primo ».

« Perché? » disse il Bruco.

Era un'altra domanda imbarazzante; e siccome non le veniva in mente una buona risposta, e l'umore del Bruco sembrava sempre più scorbutico, Alice si voltò per andarsene.

« Torna indietro! » la richiamò il Bruco. « Ho una cosa importante da dirti! »

Questo sembrava certo più promettente. Alice si voltò e tornò sui suoi passi.

« Contròllati » disse il Bruco.

« Tutto qui? » disse Alice, inghiottendo il dispetto meglio che poteva.

« No » disse il Bruco.

Alice riflettè che poteva anche aspettare, visto che non aveva altro da fare, e che forse dopotutto il Bruco avrebbe finito per dirle qualcosa che valeva la pena di sentire. Per qualche minuto quello continuò a emettere boccate di fumo senza parlare: ma finalmente aprì le braccia conserte, si tolse di nuovo il narghilè dalla bocca, e disse: « Insomma, tu credi di essere cambiata ».

« Temo di sì, signore » disse Alice. « Non ricordo più certe cose che sapevo... e non rimango delle stesse proporzioni per dieci minuti di seguito! »

« Cos'è che non ricordi più? » disse il Bruco.

« Be', ho provato a recitare *"L'industriosa piccola ape"*, ma mi è venuta tutta diversa! » rispose Alice con voce molto malinconica.
« Recitami *"Babbo William, sei vecchio"* » disse il Bruco.
Alice si mise a braccia conserte e cominciò:

« Babbo William, sei vecchio » il ragazzo osservò,
« E i capelli li hai tutti bianchi;
Sempre ritto sul capo ti vedo, però —
Possibile che non ti stanchi? »

« Da ragazzo » al figliolo costui replicò,
« Io temevo nuocesse al cervello.
Or peraltro son certo che cervello non ho,
E quindi che non mi sfracello. »

« Ma sei vecchio » il ragazzo insistette, cordiale,
« E sei anche parecchio ingrassato:
Pur sull'uscio hai eseguito un salto mortale.
Non ti sembra un po' esagerato? »

« Da ragazzo » e scuoteva le candide chiome,
« Mi spalmavo, sai, con questa pasta.
Rende agili – e costa quattro soldi il flacone –
Te la vendo; un chilo ti basta? »

« Tu sei vecchio » fa l'altro « e ormai troppo sdentato
Per poter mangiar altro che brodo.
Pure un'anatra intera hai testé ingurgitato.
Me lo dici, in segreto: c'è un modo? »

« Da ragazzo » fa il padre « ho studiato la legge,
Con mia moglie allenavo la voce;
Questa forza che la mia mascella sorregge
La plasmò quel lavoro feroce. »

« Pur sei vecchio » fa il figlio, sempre meno persuaso.
« Come mai non hai perso la vista?
Prima avevi un'anguilla in piedi sul naso.
Sei meglio di un equilibrista! »

« Ho risposto tre volte, e basta ed avanza »
Disse il padre. « Abbassa la cresta!
Mi ha stufato la tua petulanza.
Fila ora, o ti rompo la testa! »

« Non è così » disse il Bruco.

« Infatti, ho paura di no » disse timidamente Alice. « Mi si sono cambiate delle parole. »

« È tutto sbagliato, da cima a fondo » disse il Bruco in tono deciso; e ci fu un silenzio che durò alcuni minuti.

Il Bruco fu il primo a parlare.

« Di che proporzioni vuoi essere? » chiese.

« Oh, non è che ci tenga molto » si affrettò a rispondere Alice; « è solo che non fa piacere continuare a cambiare così spesso, lei lo sa. »

« No, non lo so » disse il Bruco.

Alice non disse nulla: non era mai stata tanto contraddetta in vita sua, e sentì di essere lì lì per perdere il controllo.

« Sei contenta di come sei ora? » disse il Bruco.

« Ecco, mi piacerebbe essere un pochino più alta, signore, se non le dispiace » disse Alice. « Otto centimetri è una statura proprio infelice. »

« È una statura eccellente! » disse irritato il Bruco, tirandosi su mentre parlava (era alto esattamente otto centimetri).

« Ma io non ci sono abituata! » piagnucolò la povera Alice. E fra sé pensava: « Come sono suscettibili, queste creature! ».

« Col tempo ti ci abituerai » disse il Bruco; poi si mise in bocca il narghilè e ricominciò a fumare.

Questa volta Alice aspettò con pazienza finché il Bruco non decise di parlare di nuovo. Dopo un paio di minuti il Bruco si tolse dalla bocca il narghilè, sbadigliò una volta o due e si stirò. Quindi scese dal fungo e si allontanò strisciando fra l'erba, dicendo solo: « Da un lato ti farà crescere, e dall'altro ti farà diminuire ».

« Un lato di che? L'altro lato di che? » pensò fra sé Alice.

« Del fungo » disse il Bruco, proprio come se Alice avesse fatto la domanda a voce alta; e un attimo dopo era sparito.

Alice rimase a guardare pensierosa il fungo per un minuto, cercando di distinguerne i due lati; e poiché il fungo era perfettamente rotondo, trovò il problema assai difficile da risolvere. Alla fine tese le braccia intorno al fungo più che poté, come per abbracciarlo, e spiccò un pezzetto del bordo con ciascuna mano.

« E ora quale è l'uno e quale è l'altro? » si disse, e mangiucchiò un po' del pezzetto che aveva nella destra per provarne l'effetto. Un attimo dopo sentì un colpo violento sotto il mento: questo le aveva picchiato contro il piede!

Un mutamento tanto rapido la spaventò assai, ma capì che non c'era tempo da perdere, tant'era la rapidità con cui diminuiva; così si accinse subito a mangiare un po' dell'altro pezzo. Aveva il mento talmente compresso contro il piede da non poter quasi aprire la bocca; ma alla fine ci riuscì, e fece in modo di inghiottire un morso del pezzetto di fungo che aveva nella sinistra.

*****
 * * * *
*****

« Ho la testa libera, finalmente! » disse Alice in tono giulivo, che però si mutò in allarme un momento dopo, quando scoprì che le sue spalle si erano rese irreperibili: quando guardò in basso, tutto quello che riuscì a vedere fu un collo di lunghezza smisurata che si ergeva come un gambo sopra un mare di foglie verdi giù sotto di lei.

« Che sarà mai tutta quella roba verde? » disse Alice. « E dove sono finite le mie spalle? E oh, povere mani mie, com'è che non vi vedo? » Parlando le muoveva, ma senza alcun risultato visibile, tranne un leggero tremolìo fra le foglie verdi, in lontananza.

Siccome a quanto pareva non c'era alcun modo di portarsi le mani al capo, Alice cercò di abbassare il capo verso le mani, e scoprì con grande gioia di avere un collo capace di piegarsi in tutte le direzioni come un serpente. Era appena riuscita a curvarlo con armonioso zig-zag, e stava per tuffarlo fra le foglie (le quali, come scoprì, non erano che le cime degli alberi sotto i quali aveva vagato), quando un sibilo acuto la fece ritirare in fretta: un grosso piccione le era volato contro il viso, e la percuoteva violentemente con le ali.

« Serpente! » strillava il Piccione.

« Non sono un serpente! » disse Alice, indignata. « Lasciami in pace! »

« Serpente, lo dico e lo ripeto! » ripeté il Piccione, ma in tono più sommesso, e aggiunse sospirando:

« Le ho provate tutte, ma a quanto pare non sono mai contenti! »

« Non ho la minima idea di che cosa vai dicendo » disse Alice.

« Ho provato le radici degli alberi, e ho provato le sponde, e ho provato le siepi » continuò il Piccione senza badarle; « ma quei serpenti! Non c'è modo di contentarli! »

Alice era sempre più perplessa, ma pensò che era inutile dire altro finché il Piccione non avesse terminato.

« Non basta la fatica di covare le uova » diceva il Piccione; « devo anche fare la guardia contro i serpenti notte e giorno! Tre settimane che non chiudo occhio! »

« Mi dispiace moltissimo averti disturbato » disse Alice, che cominciava ad afferrare il senso di quel discorso.

« E proprio quando avevo occupato l'albero più alto del bosco » continuò il Piccione con la voce che gli si faceva sempre più stridula « e cominciavo a credere di essermene finalmente liberato, eccoli che arrivano contorcendosi giù dal cielo! Sciò, Serpente! »

« Ma non sono un serpente, ti dico! » disse Alice. « Sono... sono... »

« Be'! Cosa sei allora? » disse il Piccione. « Cerchi di inventare qualcosa, eh? Lo vedo! »

« Sono... sono una bambina » disse Alice, in tono alquanto incerto, poiché ricordava il numero di mutamenti che aveva subito quel giorno.

« Proprio verosimile, non c'è che dire! » disse il Piccione nel tono del più profondo disprezzo. « Di bambine ne ho viste tante ai miei tempi, ma con un collo così mai e poi mai! No, no! Sei un serpente; e non serve a niente negarlo. E ora mi verrai a dire che non hai mai assaggiato un uovo! »

« Sì che l'ho assaggiato » disse Alice, che era una bambina molto sincera; « le bambine mangiano tante uova quante i serpenti, sai. »

« Non ci credo » disse il Piccione; « ma se è così, vuol dire che sono una specie di serpenti anche loro. »

Il concetto era talmente nuovo per Alice, da ridurla al silenzio per un paio di minuti; e il Piccione ne approfittò per aggiungere: « Tu vai a caccia di uova, fin qui ci arrivo benissimo; che vuoi che m'importi allora se sei una bambina o una serpe? ».

« Importa a me, e tanto » si affrettò a dire Alice; « comunque adesso non sto cercando nessun uovo, guarda un po'; e se anche così fosse, le tue uova non le vorrei; crude non mi piacciono. »

« E allora levati di torno! » disse imbronciato il Piccione, tornando a sistemarsi nel suo nido. Alice si chinò fra gli alberi meglio che poté, perché il collo continuava a impigliarlesi fra i rami, e ogni tanto doveva fermarsi a districarlo. Dopo un po' si ricordò che aveva ancora in mano i pezzetti di fungo, e si mise con molta attenzione al lavoro, mordicchiandone prima uno e poi l'altro, ora crescendo e ora rimpicciolendo, fin quando non le riuscì di riportarsi alla statura consueta.

Da tanto tempo non era nemmeno approssimativamente delle dimensioni giuste, che in principio provò una sensazione piuttosto strana; ma ben presto si abituò, e si mise a parlare fra sé come al solito: « Ecco, ora sono a metà del programma! Come ci si confonde con tutti questi mutamenti! Non so mai cosa sto per diventare, da un momento all'altro! Comunque sono tornata alle mie dimensioni giuste: ora bisogna entrare in quel bel giardino... come farò, mi domando? ». Così dicendo, si trovò d'un tratto in una radura, che conteneva una casina alta all'incirca un metro e venti. « Chiunque vi abiti » pensò Alice « non sarà certo il caso di presentarglisi con questa altezza: dalla paura uscirebbero di cervello! » Perciò si rimise a mangiucchiare il pezzetto che aveva nella destra, e non si avventurò nei pressi della casina finché non ebbe ridotto la sua statura a circa venti centimetri.

Capitolo VI
Porco e Pepe

Alice rimase ferma a guardare la casa per un paio di minuti, riflettendo sul da farsi, quando tutt'a un tratto arrivò di corsa dal bosco un valletto in livrea (fu in virtù della livrea che Alice lo qualificò per un valletto, ché altrimenti dalla faccia lo avrebbe definito un pesce) e bussò forte con le nocche alla porta. La porta fu aperta da un altro valletto in livrea, con la faccia rotonda e due occhioni da rospo; Alice notò come entrambi i valletti avessero i capelli incipriati e inanellati a mo' di parrucca; e provando una viva curiosità di sapere di cosa si trattava, strisciò un pochino fuori dal bosco per sentire.

Il Valletto-Pesce cominciò con l'estrarre di sotto il braccio una grande lettera, grande quasi come lui, e la porse all'altro mentre diceva in tono solenne: « Per la Duchessa. Un invito da parte della Regina per una partita di croquet ». A sua volta il Valletto-Rana ripeté nello stesso tono solenne, soltanto cambiando un poco l'ordine delle parole: « Da parte della Regina. Un invito per la Duchessa per una partita di croquet ».

Quindi si inchinarono profondamente tutti e due, rimanendo impigliati per i capelli.

A questo Alice rise così tanto che dovette tornare di corsa nel bosco per paura che la sentissero; e quando si riaffacciò, il Valletto-Pesce non c'era più, e l'altro era seduto in terra accanto all'uscio, gli occhi fissi verso il cielo con aria imbambolata.

Alice si avvicinò timidamente alla porta e bussò.

« Non serve a niente bussare » disse il Valletto « e questo per due motivi. Primo, perché tu e io ci troviamo dallo stesso lato della porta. Secondo, perché dentro stanno facendo un tale baccano, che è assolutamente impossibile che sentano. » E infatti dentro c'era un baccano straordinario, un seguito di strilli e starnuti, con ogni tanto un gran tonfo, come di stoviglie andate in pezzi.

« Allora, per favore » disse Alice « come faccio a entrare? »

« Bussare potrebbe avere un senso » continuò il Valletto senza badarle « se la porta si trovasse fra te e me. Per esempio, se tu fossi dentro e bussassi, io potrei farti uscire. » Parlava sempre con gli occhi fissi al cielo, e un modo di fare che Alice trovò assolutamente incivile. « Ma forse non può evitarlo » si disse; « ha gli occhi quasi sulla cima del capo. Però almeno potrebbe rispondere alle domande. » « Come faccio a entrare? » ripeté a voce alta.

« Io resterò qui » osservò il Valletto, « fino a domani... »

In questo momento la porta della casa si aprì, e ne uscì a volo radente un grande piatto diretto alla testa del Valletto; gli sfiorò appena il naso e andò a rompersi in tanti pezzi contro uno degli alberi alle sue spalle.

« ... o domani l'altro, forse », continuò il Valletto nello stesso tono, esattamente come se nulla fosse stato.

« Come faccio a entrare? » chiese di nuovo Alice, più forte.

« Ma devi proprio entrare? » disse il Valletto. « Perché questa è la prima cosa da chiarire. »

Era vero e non c'era dubbio: ma ad Alice non fece piacere sentirselo dire. « È tremendo » borbottò fra sé « come tutte queste creature vogliono sempre discutere. Ti fanno proprio ammattire! »

Al Valletto sembrò il caso di approfittare dell'occasione per ripetere quanto aveva già detto, con varianti. « Me ne resterò a sedere qui » disse « ogni tanto, per giorni e giorni. »

« Ma io che farò? » disse Alice.

« Fa' quello che ti pare » disse il Valletto, e si mise a fischiettare.

« Oh, è inutile stare a parlare con lui » disse Alice, disperata; « è un perfetto idiota! » Aprì la porta ed entrò.

La porta dava su una grande cucina, che era piena di fumo da una parete all'altra: la Duchessa sedeva nel mezzo su uno sgabello a tre gambe, e aveva un bambino in braccio; la cuoca era china sul fuoco e rimestava in un gran calderone che sembrava pieno di minestra.

« In quella minestra c'è troppo pepe! » si disse Alice meglio che poté, per via degli starnuti.

Di sicuro ce n'era troppo nell'aria. Perfino la Duchessa starnutiva, ogni tanto; il bambino poi passava dagli starnuti agli strilli senza un attimo di pausa. Le sole due creature della cucina che non starnutissero erano la cuoca e un grosso gatto disteso sul focolare, con un sorriso che gli andava da un orecchio all'altro.

« Scusi, potrebbe dirmi, per piacere » disse Alice un po' timidamente, perché non sapeva se era buona educazione essere la prima a parlare, « perché il suo gatto sorride in quel modo? »

« È un gatto del Cheshire » disse la Duchessa « ecco perché. Porco! »

Quest'ultima parola la aggiunse all'improvviso, e con tale violenza che Alice fece letteralmente un salto; ma subito dopo si rese conto che era diretta al piccolo e non a lei, e allora riprese coraggio e proseguì:

«Non sapevo che i gatti del Cheshire sorridessero sempre; anzi, non sapevo nemmeno che i gatti sapessero sorridere.»

«Lo sanno fare tutti quanti» disse la Duchessa; «e molti lo fanno.»

«Io non ne ho mai conosciuto nessuno» disse Alice con molto garbo, tutta contenta di avere avviato una conversazione.

«Troppe cose non conosci» disse la Duchessa; «questo è chiaro.»

Ad Alice il tono di questa osservazione non piacque affatto, e pensò che forse era il caso di introdurre un altro argomento di discorso. Mentre ne cercava uno, la cuoca tolse dal fuoco il calderone di minestra e subito dopo si mise a scaraventare quanto le veniva sottomano contro la Duchessa e il bambino. Cominciò dagli alari, cui tenne dietro una pioggia di pentole, piatti e tegami. La Duchessa non se ne dava per intesa, nemmeno quando qualche oggetto la colpiva; quanto al bambino, strillava già tanto da prima che dire se i proiettili gli facevano male o no era impossibile.

« Mia attenti, per carità! » gridò Alice, saltando qua e là atterrita. « Addio, bel nasino! » mentre il naso del piccolo veniva sfiorato da un tegame di proporzioni eccezionali, che non lo portò via per un pelo.

« Se ciascuno pensasse agli affari suoi » grugnì la Duchessa, rauca « il mondo girerebbe un bel po' più in fretta. »

« Il che non sarebbe certo un vantaggio » disse Alice, molto lieta dell'occasione di sfoggiare un po' della sua scienza. « Pensi un po' che confusione fra il giorno e la notte! Sa, la terra impiega ventiquattr'ore a girare sul proprio asse... »

« A proposito di asce » disse la Duchessa « mozzatele il capo! »

Alice guardò con un certo timore la cuoca, per vedere se avesse intenzione di eseguire l'ordine; ma la cuoca era tutta intenta a rimestare la minestra, e non dava segno di ascoltare. Così Alice riprese: « Ventiquattr'ore, mi sembra; o sono dodici? Io... ».

« Oh, non seccarmi », disse la Duchessa. « Non ho mai potuto sopportare le cifre! » E con questo si rimise a cullare il bambino, cantandogli una specie di ninnananna e dandogli un violento scossone alla fine di ciascun verso:

> « Trattalo male il tuo bambino
> E se starnuta, dagliele sode:
> Lo fa soltanto, il birichino,
> Perché di dar fastidio gode. »

CORO
(al quale si univano la cuoca e il bambino)

« Uau! Uau! Uau! »

Durante la seconda strofa della canzone la Duchessa continuò a buttare in aria il piccolo con violenza, e il poverino urlava tanto che Alice stentava a udire le parole:

> « Io tratto male il mio bambino,
> Quando starnuta gliele do sode:
> È infatti segno che il suino
> Mangia il suo pepe, e non mi ode. »

CORO
« Uau! Uau! Uau! »

« Tieni! Cullalo un po' tu, se ti va! » disse la Duchessa ad Alice, gettandole il bambino. « Io devo andarmi a preparare per la partita a croquet con la Regina » e uscì in fretta dalla stanza. La cuoca le tirò dietro una padella, ma la mancò di poco.

Alice acchiappò il bambino non senza qualche difficoltà, poiché si trattava di una creaturina formata in modo strano, con le braccia e le gambe tese in tutte le direzioni, « proprio come una stella marina », pensò Alice. Quando Alice lo afferrò, il poverino sbuffava come una locomotiva, e continuò a piegarsi in due per poi raddrizzarsi in modo tale, che sulle prime Alice non poté fare altro che tenerlo.

Com'ebbe scoperto il modo migliore di cullarlo (si trattava di attorcigliarlo in una specie di nodo, afferrandogli poi con forza l'orecchio destro e il piede sinistro, in modo da impedirgli di sciogliersi), Alice lo portò fuori all'aria aperta. « Se non mi porto via questo bambino, » pensò « certo entro un paio di giorni lo avranno ammazzato. Lasciarlo lì sarebbe un assassinio. » Queste ultime parole le disse ad alta voce, e il piccolo a mo' di risposta grugnì (a quel punto aveva cessato di starnutire). « Non grugnire » disse Alice « non è affatto un bel modo di esprimerti. »

Il piccolo grugnì di nuovo, e Alice lo guardò in viso assai preoccupata per vedere cos'avesse. Certo, il suo naso era molto all'insù, assai più simile a un grifo che a un naso vero: e anche gli occhi per essere quelli di un bimbo si stavano facendo estremamente piccini; nell'insieme ad Alice l'aspetto della faccenda non piacque affatto. « Ma forse stava solo piangendo » pensò, e lo guardò di nuovo negli occhi, per vedere se ci fossero lacrime.

No, lacrime non ce n'erano. « Se stai per diventare un porcello, caro mio, » disse Alice seria « non voglio avere più niente a che fare con te. Stai attento a quello che fai! » Il povero piccolo singhiozzò di nuovo (o grugnì, era impossibile distinguerlo), e continuarono per un po' in silenzio.

Proprio mentre Alice cominciava a riflettere fra sé: « Allora, che ne faccio di questa creatura, quando arrivo a casa? » ecco che quello grugnì di nuovo, e con tanta violenza che Alice lo guardò allarmata. Stavolta non c'erano sbagli: non era né più né meno che un porcello, e Alice capì che continuare a portarlo in braccio sarebbe stato alquanto assurdo.

Perciò depose a terra la creaturina, e si sentì parecchio sollevata vedendola trottare via quietamente nel bosco. « Da grande » si disse « sarebbe diventato un bambino spaventosamente brutto: ma come porcello mi sembra abbastanza carino. » E cominciò a ripensare ad altri bambini di sua conoscenza, che come porcelli sarebbero stati benissimo; e stava appunto dicendosi: « Basterebbe sapere come fare per cambiarli... » quando rimase un po' sconcertata alla vista del Gatto del Cheshire appollaiato sul ramo di un albero a qualche metro di distanza.

Alla vista di Alice il Gatto fece il suo sorriso. Aveva un'aria affabile, pensò lei: tuttavia aveva anche artigli molto lunghi e una gran quantità di denti, ragion per cui Alice pensò che era il caso di trattarlo con rispetto.

« Micetto del Cheshire » cominciò un po' timidamente, poiché non aveva la minima idea se l'altro avrebbe gradito quell'appellativo: ma il Gatto si limitò ad allargare il sorriso ancora di più. « Via, fin qui è contento » pensò Alice, e proseguì. « Vorresti dirmi di grazia quale strada prendere per uscire di qui? »

« Dipende soprattutto da dove vuoi andare » disse il Gatto.

« Non m'importa molto... » disse Alice.

« Allora non importa che strada prendi » disse il Gatto.

« ...purché arrivi in qualche posto » aggiunse Alice a mo' di spiegazione.

« Ah, per questo stai pure tranquilla » disse il Gatto « basta che non ti fermi prima. »

Alice trovò la risposta ineccepibile, e pertanto arrischiò un'altra domanda. « Che tipo di gente abita da queste parti? »

« In quella direzione » disse il Gatto agitando la zampa destra « abita un Cappellaio; e in quella » agitando l'altra zampa « abita una Lepre Marzolina. Puoi andare a trovare l'uno o l'altra, tanto sono matti tutti e due. »

« Ma io non voglio andare fra i matti » osservò Alice.

« Be', non hai altra scelta » disse il Gatto. « Qui siamo tutti matti. Io sono matto. Tu sei matta. »

« Come lo sai che sono matta? » disse Alice.

« Per forza » disse il Gatto « altrimenti non saresti venuta qui. »

Ad Alice questa non parve una ragione sufficiente: tuttavia continuò: «E tu come fai a sapere che sei matto?».

« Tanto per cominciare » disse il Gatto « i cani non sono matti. Fin qui sei d'accordo? »

« Credo di sì » disse Alice.

« Dunque » proseguì il Gatto « tu sai che i cani quando sono arrabbiati ringhiano, e quando sono contenti agitano la coda. Invece io ringhio quando sono contento, e agito la coda quando sono arrabbiato. Perciò sono matto. »

« Io lo chiamo fare le fusa, non ringhiare » disse Alice.

« Chiamalo come vuoi » disse il Gatto. « Vai a giocare a croquet con la Regina? »

« Mi piacerebbe moltissimo » disse Alice « ma finora non sono stata invitata. »

« Mi vedrai lì » disse il Gatto, e svanì.

La cosa non sorprese troppo Alice, che si stava abituando benissimo a tante stranezze. Fissava ancora il punto dove era stato il Gatto, quando d'un tratto questi ricomparve.

« A proposito, che ne è stato del bambino? » disse il Gatto. « Per poco non mi scordavo di chiedertelo. »

« È diventato un porcello » rispose Alice con molta calma, proprio come se il Gatto fosse tornato in un modo normale.

« Lo dicevo io » disse il Gatto, e svanì un'altra volta.

Alice attese per un poco, come aspettandosi di rivederlo, ma il Gatto non ricomparve più, e dopo un paio di minuti Alice proseguì nella direzione in cui, come aveva appreso, abitava la Lepre Marzolina. « Di cappellai ne ho già visti » si disse. « La Lepre Marzolina sarà molto più interessante, e forse, visto che siamo di maggio, non sarà proprio pazza furiosa... almeno non come di marzo. » Mentre diceva queste parole, alzò di nuovo gli occhi, e rivide il Gatto appollaiato sul ramo di un albero.

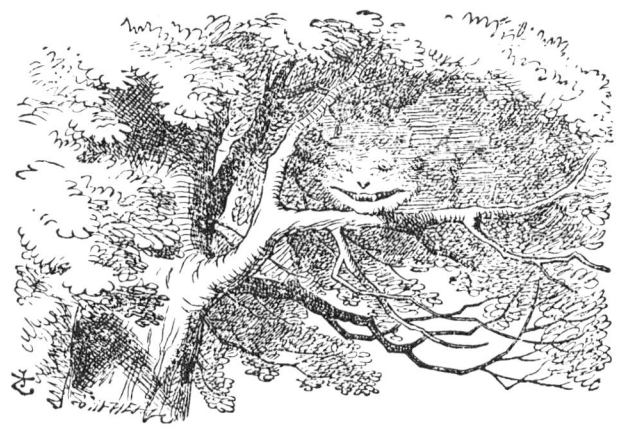

« Hai detto "porcello" o "ombrello"? » disse il Gatto.

« Ho detto "porcello" » rispose Alice; « e ti sarei grata se la smettessi di apparire e sparire così all'improvviso: mi fai girare la testa! »

« D'accordo » disse il Gatto; e stavolta svanì molto lentamente, cominciando dalla punta della coda per finire con il sorriso, che rimase lì per qualche tempo dopo che il resto era sparito.

« Be'! Mi è capitato spesso di vedere un gatto senza sorriso » pensò Alice; « ma un sorriso senza gatto! È la cosa più curiosa che abbia mai visto in vita mia! »

Non aveva camminato molto quando giunse in vista della casa della Lepre Marzolina: pensò che la casa doveva essere quella, perché i comignoli avevano la forma di orecchie e il tetto era coperto di pelo. Era una casa così grande che non osò avvicinarsi prima di avere mordicchiato un altro po' del pezzetto di fungo della mano sinistra, ed aver quindi raggiunto un metro e quaranta centimetri di statura: anche così si accostò con fare alquanto timido, dicendosi: « E se fosse pazza furiosa, dopotutto? Quasi quasi vorrei essere andata a trovare il Cappellaio! ».

Capitolo VII
Un Tè di Matti

C'era un tavolo apparecchiato sotto un albero davanti alla casa, e la Lepre Marzolina e il Cappellaio vi prendevano il tè: fra loro c'era un Ghiro profondamente addormentato, e i due se ne servivano come di un cuscino, appoggiandoci i gomiti e parlando sopra il suo capo. «Molto scomodo per il Ghiro» pensò Alice; «però, visto che tanto dorme, forse non gli dà fastidio.»

Il tavolo era grande, ma i tre stavano pigiati in un angolo. «Non c'è posto! Non c'è posto!» si misero a gridare quando videro Alice farsi avanti. «Ce n'è moltissimo, invece!» disse Alice indignata, e si sedette in una grande poltrona a capotavola.

«Prendi un po' di vino» disse la Lepre Marzolina in tono incoraggiante.

Alice si guardò intorno dappertutto, ma non vide altro che tè.

«Di vino non ne vedo» osservò.

«Non ce n'è» disse la Lepre Marzolina.

«E allora non sei stata molto gentile a offrirlo» disse Alice impermalita.

«E nemmeno tu a sederti senza essere stata invitata» disse la Lepre Marzolina.

«Non sapevo che il tavolo fosse vostro» disse Alice; «è apparecchiato per molto più di tre persone.»

«Dovresti farti tagliare i capelli» disse il Cappellaio. Era un po' che guardava Alice con grande curiosità, e questa fu la prima volta che aprì bocca.

«E tu dovresti imparare a non fare osservazioni» disse Alice un po' severamente, «è molto maleducato.»

A queste parole il Cappellaio spalancò tanto d'occhi; ma non disse altro che: « Che differenza c'è fra un corvo e una scrivania? ».

« Bene, ora ci divertiamo! » pensò Alice. « Sono contenta che si siano messi a giocare agli indovinelli... Credo di saper rispondere » aggiunse forte.

« Cioè vuoi dire che credi di poter trovare la risposta giusta? » disse la Lepre Marzolina.

« Precisamente » disse Alice.

« Allora dovresti dire che cosa vuoi dire » proseguì la Lepre Marzolina.

« Certo » si affrettò a rispondere Alice; « almeno... almeno, dico quello che voglio dire... che è la stessa cosa. »

« Neanche per sogno! » disse il Cappellaio. « Allora potresti dire che quando dici "Vedo quello che mangio" dici la stessa cosa che se dicessi "Mangio quello che vedo!" »

« Oppure potresti dire » aggiunse la Lepre Marzolina « che dire "Mi piace quello che ottengo" è lo stesso che dire "Ottengo quel che mi piace!" »

« Oppure potresti dire » aggiunse il Ghiro, che sembrava parlasse nel sonno, « che "Respiro quando dormo" è lo stesso che dire "Dormo quando respiro!" »

« Questo per te è uguale » disse il Cappellaio, e qui la conversazione cadde, e il gruppetto restò in silenzio per un minuto, mentre Alice passava in rassegna tutto quello che riusciva a ricordare a proposito di corvi e scrivanie (non molto, veramente).

Il Cappellaio fu il primo a rompere il silenzio. « Quanti ne abbiamo oggi? » disse rivolto ad Alice. Aveva estratto di tasca l'orologio e lo guardava scontento, scuotendo ogni tanto e portandoselo all'orecchio.

Alice rifletté un poco e quindi disse: « Quattro ».

« Due giorni di differenza! » sospirò il Cappellaio. « Te l'avevo detto che il burro non andava bene! » aggiunse, guardando la Lepre Marzolina con irritazione.

« Era un burro ottimo » rispose mite la Lepre Marzolina.

« Sì, ma ci sono andate anche delle briciole » brontolò il Cappellaio. « Non dovevi spalmarlo col coltello del pane. »

La Lepre Marzolina prese l'orologio e lo guardò mogia: poi lo tuffò nella sua tazza di tè e lo guardò di nuovo: ma non seppe fare di meglio che ripetere la frase di prima: « Era un burro ottimo ».

Alice era stata a guardare con la coda dell'occhio, alquanto incuriosita. « Che buffo orologio! » osservò. « Dice il giorno del mese e non dice l'ora? »

« E perché dovrebbe? » mormorò il Cappellaio. « Il tuo orologio lo dice che anno è? »

« No, certo » rispose pronta Alice « ma l'anno ci mette tanto prima di cambiare. »

« Ed è esattamente il caso del mio » disse il Cappellaio.

Alice era in un ginepraio. L'osservazione del Cappellaio le pareva del tutto insensata, pure era stata pronunciata in buon inglese. « Non capisco bene » disse più educatamente che poté.

« Il Ghiro si è riaddormentato » disse il Cappellaio, e gli versò un po' di tè bollente sul naso.

Il Ghiro scosse il capo con impazienza e disse, senza aprire gli occhi: « Certo, certo: stavo per dirlo anch'io ».

« Be', hai risolto l'indovinello? » disse il Cappellaio, rivolto nuovamente ad Alice.

« No, mi arrendo » rispose Alice. « Qual è la soluzione? »

« Non ne ho la minima idea » disse il Cappellaio.

« Nemmeno io » disse la Lepre Marzolina.

Alice sospirò, stanca. « Secondo me potreste impiegare meglio il vostro tempo » disse « invece di sprecarlo con indovinelli senza risposta. »

« Se tu conoscessi il Tempo come lo conosco io » disse il Cappellaio « non ne parleresti con tanta confidenza. »

« Non so che vuoi dire » disse Alice.

« Certo che non lo sai! » disse il Cappellaio, agitando sprezzante il capo. « Scommetto che non ci hai nemmeno mai parlato, col Tempo! »

« Forse no » rispose prudente Alice; « ma so che devo batterlo quando ho lezione di musica. »

« Ah! Questo spiega tutto » disse il Cappellaio. « Non gli va di essere battuto. Se invece ti fossi mantenuta in buoni rapporti con lui, lui farebbe fare al tuo orologio tutto quello che vuoi tu. Per esempio, metti che siano le nove di mattina, l'ora di cominciare le lezioni: basta che gli sussurri una parolina, al Tempo, ed ecco che le ore volano via in un battibaleno! L'una e mezzo, ora di pranzo! » (« Magari fosse vero » si disse sottovoce la Lepre Marzolina.)

« Certo, sarebbe magnifico » disse Alice soprappensiero; « però... mi sa che non avrei ancora fame. »

« Dapprincipio no, forse » disse il Cappellaio « ma puoi tenerlo fermo all'una e mezzo finché vuoi. »

« E tu fai così? » chiese Alice.

Il Cappellaio scosse il capo dolorosamente. « No! » rispose. « Abbiamo litigato lo scorso marzo... proprio prima che quello lì impazzisse, sai... » (indicando col cucchiaio la Lepre Marzolina) « ... fu al gran concerto dato dalla Regina di Cuori, dove io dovevo cantare.

> "Brilla, brilla, pipistrello!
> Sarai topo o sarai uccello?"

Forse la saprai, questa canzone? »

« Ne ho sentita una simile » disse Alice.

« Questa continua così » proseguì il Cappellaio:

> « Nella quiete della sera
> Voli come una teiera.
> Brilla, brilla... »

A questo punto il Ghiro si riscosse e si mise a cantare nel sonno « *Brilla, brilla, brilla, brilla...* » Non la finiva più, e dovettero dargli un pizzicotto per farlo smettere.

« Be', avevo appena finito la prima strofa » disse il Cappellaio « che la Regina si mise a strillare: "Sta assassinando il tempo! Mozzategli il capo!". »

« Che orrore! » esclamò Alice.

« E da allora » continuò il Cappellaio in tono doloroso « non vuol fare più nulla di quello che gli chiedo! Ora sono sempre le sei. »

Alice ebbe un'idea brillante.

« È per questo che avete pronti tanti servizi da tè? »

« Sì » disse il Cappellaio con un sospiro « è sempre l'ora del tè, e non abbiamo il tempo di lavare la roba negli intervalli. »

« E così continuate a cambiare posto, vero? » disse Alice.

« Precisamente » disse il Cappellaio, « via via che si adopera la roba. »

« Ma che succede quando tornate al punto di partenza? » si arrischiò a chiedere Alice.

« Se cambiassimo discorso? » interruppe la Lepre Marzolina con uno sbadiglio. « Questo mi sta venendo a noia. Propongo che la signorina ci racconti una storia. »

« Temo di non saperne » disse Alice, alquanto preoccupata della proposta.

« Allora tocca al Ghiro! » gridarono gli altri due. « Sveglia, Ghiro! » E lo pizzicarono insieme, uno di qua, l'altro di là.

Il Ghiro aprì lentamente gli occhi. « Non dormivo » disse con voce debole, strozzata, « ho sentito tutto quello che avete detto, parola per parola. »

« Raccontaci una storia! » disse la Lepre Marzolina.

« Sì, ti prego! » implorò Alice.

« E sbrigati » aggiunse il Cappellaio, « o ti addormenterai di nuovo prima della fine. »

« C'erano un volta tre sorelline » cominciò il Ghiro in gran fretta « che si chiamavano Elsie, Lacie e Tillie; abitavano in fondo a un pozzo... »

« E che mangiavano? » disse Alice, che mostrava sempre un grande interesse per quanto riguardava cibi e bevande.

« Si nutrivano di melassa » disse il Ghiro, dopo avere riflettuto un minuto o due.

« Ma è impossibile, sai », osservò gentilmente Alice. « Gli avrebbe fatto male. »

« Infatti », disse il Ghiro, « stavano malissimo. »

Per un po' Alice cercò di immaginarsi un'esistenza simile, ma non ci riusciva, e continuò: « Ma perché vivevano in fondo a un pozzo? ».

« Prendi dell'altro tè » disse seria ad Alice la Lepre Marzolina.

« Veramente non l'ho ancora preso » rispose Alice in tono offeso; « ragion per cui non posso prenderne dell'altro. »

« Vuoi dire che non puoi prenderne di meno » disse il Cappellaio; « se non si è avuto niente non si può che prendere qualcosa. »

« Nessuno ha chiesto la tua opinione » disse Alice.

« E adesso chi è che fa osservazioni? » domandò il Cappellaio in tono trionfante.

Alice non seppe proprio cosa rispondere a questo: così si servì di un po' di tè e pane e burro, e quindi si rivolse al Ghiro e ripeté la sua domanda. « Perché vivevano in fondo a un pozzo? »

Il Ghiro impiegò di nuovo un paio di minuti a riflettere, e quindi disse: « Era un pozzo di melassa ».

« Non esistono! » Alice stava cominciando molto irritata, ma il Cappellaio e la Lepre Marzolina si misero a fare « Ss! Ss! » e il

Ghiro osservò imbronciato: « Se non riesci a comportarti con un po' di educazione è meglio che la storia te.la finisca da te ».

« No, continua, ti prego! » disse Alice molto umilmente. « Non ti interrompo più. Vuol dire che ce ne sarà *uno*. »

« Uno solo, eh! » disse il Ghiro indignato. Tuttavia acconsentì a continuare. « Insomma, queste tre sorelline... stavano imparando a disegnare... »

« E che disegnavano? » disse Alice, del tutto dimentica della sua promessa.

« Melassa » disse il Ghiro, stavolta senza riflettere.

« Io voglio una tazza pulita » interruppe il Cappellaio « scaliamo tutti di un posto. »

Parlando si spostò, seguito dal Ghiro: la Lepre Marzolina passò nel posto del Ghiro, e Alice alquanto controvoglia prese il posto della Lepre Marzolina. Il Cappellaio fu l'unico a ottenere un vantaggio dal cambiamento; e Alice si trovò alquanto peggio di prima, perché la Lepre Marzolina si era appena rovesciata nel piattino tutto il bricco del latte.

Alice non voleva offendere di nuovo il Ghiro, perciò cominciò molto cauta: « Ma non capisco. Da dove estraevano la melassa? ».

« Come si estrae l'acqua da un pozzo » disse il Cappellaio « si potrà estrarre la melassa da un pozzo di melassa, credo... eh, stupida? »

« Ma loro erano già dentro il pozzo » disse Alice al Ghiro, decidendo di ignorare l'ultima osservazione.

« Certo » disse il Ghiro « ben dentro. »

Questa risposta confuse talmente la povera Alice, che per qualche tempo lasciò proseguire il Ghiro senza interromperlo.

« Imparavano a disegnare », proseguì il ghiro, sbadigliando e fregandosi gli occhi, perché si sentiva sempre più assonnato; « e disegnavano ogni genere di cose... tutto quello che comincia con la lettera M... »

« Perché con la M? » disse Alice.

« Perché no? » disse la Lepre Marzolina.

Alice tacque.

A questo punto il Ghiro aveva chiuso gli occhi e si stava appisolando; ma, pizzicato dal Cappellaio, si svegliò con uno strilletto, e proseguì: «...che comincia con la M, come trappole per topi, e la luna, e la memoria, e la moltitudine... sai che si dice che qualcosa è "molto di una moltitudine"... avete mai visto il disegno di una moltitudine?».

«Davvero, ora che me lo chiedi» disse Alice, molto confusa «io non penso...»

«Allora non parlare» disse il Cappellaio.

Quest'ultima sgarberia fu più di quanto Alice potesse tollerare: si alzò sdegnata e si avviò per andarsene; il Ghiro piombò nel sonno all'istante, e nessuno degli altri due parve prestare la minima attenzione al fatto che lei se ne andava, benché Alice si voltasse una volta o due, come sperando che la richiamassero; l'ultima volta che li vide, stavano cercando di mettere il Ghiro nella teiera.

«Comunque laggiù non ci torno più!» disse Alice inoltrandosi nel bosco. «Non sono mai stata a un tè più idiota in vita mia!»

Proprio mentre diceva queste parole, notò che uno degli alberi aveva una porticina per entrarci dentro. «Curioso!» pensò. «Ma tutto è curioso oggi. Secondo me tanto vale entrarci subito.» Ed entrò.

Ancora una volta si trovò nel lungo vestibolo e accanto al tavolinetto di vetro. « Ma questa volta voglio fare le cose con più giudizio » si disse, e per prima cosa prese la chiavettina d'oro e aprì la porta che dava sul giardino. Poi si mise a mangiucchiare il fungo (ne aveva conservato un pezzetto nella tasca) finché non fu alta circa mezzo metro: a questo punto si avviò lungo il piccolo corridoio; e quindi... si trovò finalmente nel bel giardino, fra le aiuole fiorite a colori vivaci e le fontane d'acqua fresca.

Capitolo VIII
Il Croquet della Regina

Accanto all'ingresso del giardino fioriva un grande rosaio: le rose erano bianche, ma c'erano tre giardinieri indaffarati a dipingerle di rosso. Alice trovò la cosa molto strana, e si avvicinò a guardarli; proprio mentre sopraggiungeva, ne sentì uno che diceva: « Ehi, Cinque, sta' un po' attento! Mi schizzi tutto il colore addosso! ».

« Non è colpa mia » disse Cinque imbronciato. « Sette mi ha urtato il gomito. »

Al che Sette alzò il capo e disse: « Bravo Cinque! Sempre a dare la colpa agli altri! ».

« Tu è meglio che non parli! » disse Cinque. « Proprio ieri ho sentito la Regina che diceva che meriteresti che ti tagliassero la testa. »

« E perché? » disse quello che aveva parlato per primo.

« Non sono affari tuoi, Due! » disse Sette.

« Sì, invece! » disse Cinque. « E glielo voglio dire io... è perché ha portato alla cuoca, invece delle cipolle, dei bulbi di tulipano! »

Sette buttò in terra il pennello e aveva appena cominciato a dire: « Be', di tutte le ingiustizie... » quando l'occhio gli cadde per caso su Alice che stava lì a guardarli, e si controllò subito; anche gli altri si voltarono, e tutti fecero un profondo inchino.

« Potreste dirmi, per favore » disse Alice, un po' timidamente « perché state dipingendo quelle rose? »

Cinque e Sette non dissero nulla, ma guardarono Due. Due cominciò a voce bassa: « Be', insomma, signorina, il fatto è che questo qua doveva essere un rosaio di rose rosse, e invece per sbaglio ne abbiamo piantato uno bianco; e se la Regina se ne accorge ci fa tagliare la testa a tutti quanti. Sicché come vede ci stiamo dando da fare prima che arrivi lei, per... ». A questo punto Cinque, che non aveva smesso di lanciare sguardi ansiosi verso il giardino, disse forte: « La Regina! La Regina! » e i tre giardinieri si buttarono immediatamente con la faccia a terra. Si udì il rumore di molti passi, e Alice si voltò, ansiosa di vedere la Regina.

Prima vennero dieci soldati armati di mazza: avevano tutti la stessa forma dei giardinieri, piatta e oblunga, con le mani e i piedi ai quattro angoli; poi i dieci cortigiani: questi erano tutti adorni di diamanti, e avanzavano per due, come i soldati. Dietro a questi vennero i principini: ce n'erano dieci, e quei tesorini saltellavano allegri, per mano, a coppie; erano tutti adorni di cuori. Quindi vennero gli ospiti, per lo più re e regine, e fra loro Alice riconobbe il Coniglio Bianco: parlava in fretta e nervosamente, sorridendo a tutto quello che si diceva, e passò senza notarla. Poi seguì il Fante di Cuori, che recava la corona del Re sopra un cuscino di velluto cremisi; e in fondo a tutta questa grandiosa processione vennero IL RE E LA REGINA DI CUORI.

Alice era in dubbio se fosse il caso di buttarsi anche lei a faccia in giù come i tre giardinieri, ma non le parve di aver mai inteso parlare di una legge simile per i cortei; « e poi, a che servirebbe un corteo » pensò « se tutti si dovessero mettere faccia a terra, in modo da non vederlo più? » Così rimase ritta dov'era, e attese.

Quando il corteo arrivò davanti ad Alice, tutti si fermarono e la guardarono, e la Regina disse, in tono severo: « E questa chi è? ».

Lo disse al Fante di Cuori, che per tutta risposta si limitò a inchinarsi con un sorriso.

« Idiota! » disse la Regina, agitando il capo con impazienza; e rivolta ad Alice, proseguì: « Come ti chiami, bambina? ».

« Mi chiamo Alice, con licenza di vostra Maestà » disse Alice molto garbatamente; ma aggiunse fra sé: « Non sono che un mazzo di carte. Non c'è da aver paura! ».

« E *questi* chi sono? » disse la Regina, indicando i tre giardinieri bocconi intorno al rosaio; perché, capite, dato che erano distesi a faccia in giù, e che il disegno che avevano sulla schiena era lo stesso degli altri del mazzo, non poteva dire se si trattasse di giardinieri, di soldati, di cortigiani o di tre dei suoi figli.

« Come faccio a saperlo? » disse Alice, sorpresa lei stessa del suo coraggio. « Non sono affari miei. »

La Regina diventò paonazza dal furore, e dopo averla guatata per un momento come una bestia feroce, si mise a strillare: « Mozzatele il capo! Mozzatele... ».

« Sciocchezze! » disse Alice, molto forte e decisa, e la Regina tacque.

Il Re le posò la mano sul braccio e disse timidamente: « Rifletti, mia cara: è solo una bambina! ».

La Regina si voltò dall'altra parte con ira, e disse al Fante: « Rivoltateli! ».

Il Fante obbedì, e li girò molto delicatamente con un piede.

« In piedi! » disse la Regina con voce forte e stridula, e i tre giardinieri saltarono su all'istante e si misero a fare inchini al Re, alla Regina, ai principini e a tutti gli altri.

« Finitela! Basta! » gridò la Regina. « Mi fate girare la testa. » E poi, voltandosi al rosaio, continuò: « Che stavate facendo qui? ».

« Con licenza di vostra Maestà » disse Due, in tono molto umile, piegando un ginocchio mentre parlava « cercavamo... »

« Ho capito! » disse la Regina, che nel frattempo aveva esaminato le rose. « Mozzategli il capo! » e il corteo si rimise in marcia, mentre tre soldati restavano indietro per giustiziare gli infelici giardinieri, che corsero verso Alice in cerca di protezione.

« Non vi decapiteranno! » disse Alice, e li mise dentro a un gran vaso di fiori che era lì vicino. I tre soldati li cercarono qua e là per un po' di tempo, e poi se ne marciarono via tranquillamente dietro agli altri.

« Gli avete tagliato la testa? » gridò la Regina.

« Le loro teste non ci sono più, con licenza di vostra Maestà! » gridarono di rimando i soldati.

« Bene! » gridò la Regina. « Sai giocare a croquet? »

I soldati tacquero, e guardarono Alice, visto che la domanda era evidentemente rivolta a lei.

« Sì! » gridò Alice.

« E allora vieni! » sbraitò la Regina, e Alice si unì al corteo, molto curiosa di sapere cosa sarebbe successo a questo punto.

« Che... bellissima giornata! » disse una voce timida al suo fianco.

Si trovava accanto al Coniglio Bianco, che la guardava di sottecchi con fare ansioso.

« Davvero » disse Alice. « E la Duchessa dov'è? »

« Ssssss! Sssss! » disse in fretta il Coniglio, sottovoce. Si voltò a guardarsi dietro impaurito mentre parlava, e quindi si alzò in punta di piedi, le avvicinò la bocca all'orecchio e sussurrò: « È stata condannata a morte ».

« Perché? » disse Alice.

« Hai detto: "Peccato!"? » chiese il Coniglio.

« No » disse Alice. « Non mi sembra affatto un peccato. Ho detto: "Perché?". »

« Ha dato uno scappellotto alla Regina... » cominciò il Coniglio. Alice rise forte. « Oh zitta! » sussurrò il Coniglio, spaventato. « Se ti sente la Regina! Capisci, ha fatto un po' tardi, e la Regina ha detto... »

« Ai vostri posti! » gridò la Regina con voce tonante, e tutti si misero a correre in ogni direzione, cozzando gli uni contro gli altri: però in capo a un paio di minuti erano riusciti a sistemarsi, e la partita ebbe inizio.

Alice pensò che non aveva mai visto un campo di croquet tanto curioso in vita sua: era tutto buche e solchi, le palle erano porcospini vivi, e le mazze erano fenicotteri vivi, e i soldati dovevano piegarsi in modo da reggersi sulle mani e sui piedi per formare gli archi.

Alice scoprì subito che la maggiore difficoltà riguardava l'uso del suo fenicottero: riusciva abbastanza agevolmente a prenderlo sotto il braccio, con le zampe penzoloni, ma in genere appena era riuscita a metterlo col collo teso a dovere, e stava per assestare un colpo al porcospino col suo capo, quello si torceva da una parte e la guardava in viso con un'espressione tanto perplessa che Alice non poteva fare a meno di scoppiare a ridere; e quando riusciva a fargli abbassare il capo, e stava per ricominciare un'altra volta, era davvero irritante scoprire che il porcospino si era sgomitolato e stava per filarsela; e come se non bastasse, dovunque volesse indirizzare il porcospino c'era di solito di mezzo una buca o un solco, e siccome i soldati piegati in due continuavano a rialzarsi e ad andarsene in altri punti del campo, Alice giunse ben presto alla conclusione che si tratta di un gioco difficilissimo.

I giocatori giocavano tutti contemporaneamente, senza aspettare i turni, litigando tutto il tempo e disputandosi il possesso dei porcospini; e subito dopo l'inizio la Regina era già andata su tutte le furie, e si aggirava pestando i piedi e gridando: « Mozzategli il capo! » o « Mozzatele il capo! » ogni momento.

Alice cominciò a provare un gran disagio; è vero che non si era ancora scontrata con la Regina, ma sapeva che la cosa sarebbe potuta accadere da un momento all'altro « e allora » pensava « che ne sarà di me? Qui c'è una tale smania di decapitare la gente che è un miracolo se c'è ancora qualcuno in vita! »

Si guardava intorno alla ricerca di una scappatoia e si domandava se sarebbe riuscita ad allontanarsi senza farsi vedere, quando notò una curiosa apparizione a mezz'aria: dapprima la cosa la rese assai perplessa, ma dopo averla osservata per un po' distinse chiaramente un sorriso, e si disse: « È il Gatto del Cheshire: finalmente potrò conversare con qualcuno ».

« Come va? » disse il Gatto, non appena ebbe abbastanza bocca per parlare.

Alice attese la comparsa degli occhi per fargli un cenno. « È inutile parlargli » pensò « finché non ci saranno anche le orecchie, almeno una. » Dopo un altro minuto era apparso anche il resto della testa, e allora Alice posò il fenicottero e cominciò un resoconto del gioco, molto lieta che ci fosse qualcuno ad ascoltarla. Evidentemente il Gatto riteneva di essersi mostrato in quantità sufficiente, perché non ne comparvero altre parti.

« Secondo me barano tutti quanti » cominciò Alice in tono di protesta « e fanno un tale chiasso litigando che uno non sente neanche la propria voce... poi sembra che non seguano nessuna regola: almeno, se ci sono delle regole non ci fa caso nessuno... e non hai idea di come ci si confonde con questo fatto che tutti gli oggetti sono vivi; per esempio, guarda l'arco che dovrei attraversare adesso: si è alzato in piedi e se ne sta andando all'altra estremità del campo... e un momento fa stavo per fare croquet al porcospino della Regina, ma quello ha visto arrivare il mio ed è scappato! »

« Ti è simpatica la Regina? » disse il Gatto a bassa voce.

« Per niente » disse Alice; « è talmente... » Proprio allora si accorse che la Regina era poco distante, e l'ascoltava: così continuò: « ... brava, lei, che quasi non vale la pena di finire la partita ».

La Regina sorrise e passò oltre.

« Con chi stai parlando? » disse il Re, avvicinandosi ad Alice e guardando la testa del Gatto con grande curiosità.

« È un mio amico... un Gatto del Cheshire » disse Alice. « Mi sia concesso di presentarvelo. »

« Ha un'aria che non mi piace affatto » disse il Re « però può baciarmi la mano, se vuole. »

« Preferisco di no » osservò il Gatto.

« Non fare l'impertinente » disse il Re « e non guardarmi in quel modo! » Parlando si mise dietro Alice.

« I gatti possono guardare i re » disse Alice. « L'ho letto in un libro, ma non ricordo dove. »

« Be', bisogna levarlo di mezzo » disse il Re con molta decisione; e chiamò la Regina, che passava in quel momento: « Cara! Vorrei che facessi allontanare questo gatto! ».

Per la Regina c'era un modo solo per risolvere ogni difficoltà, piccola o grande che fosse. « Mozzategli il capo! » disse senza nemmeno voltarsi.

« Ci vado io stesso a chiamare il boia » disse con ansia il Re, e si allontanò in fretta.

Alice pensò che tanto valeva tornare a vedere come proseguiva la partita, poiché sentiva in lontananza la Regina che strillava con tutte le forze. L'aveva già sentita condannare alla pena capitale tre giocatori perché avevano saltato il loro turno, e non le piaceva affatto come si stavano mettendo le cose; la partita era in un tale stato di confusione che non sapeva mai se toccava a lei o no. Pertanto si mise in cerca del suo porcospino.

Il porcospino era impegnato in un a corpo a corpo con un altro porcospino, e ciò parve ad Alice un'eccellente occasione per fare croquet dei due: l'unica difficoltà era che il suo fenicottero se n'era andato all'altro capo del giardino, dove Alice poteva vederlo tentare senza gran costrutto di volare in cima a un albero.

Quand'ebbe catturato il fenicottero e l'ebbe riportato indietro, la zuffa era finita, e i porcospini erano spariti tutti e due. « Ma non fa niente » pensò Alice « tanto in questa zona del campo non ci sono più nemmeno gli archi. » Così si mise il fenicottero sotto il braccio per impedirgli di scappare un'altra volta, e tornò a fare altre due chiacchiere col suo amico.

Qui ebbe la sorpresa di trovare che intorno al Gatto del Cheshire si era radunata una gran folla; ed era in corso una discussione fra il boia, il Re e la Regina, che parlavano tutti insieme mentre tutti gli altri tacevano e parevano assai a disagio.

Nel momento in cui comparve Alice, tutti e tre si rivolsero a lei perché risolvesse la questione, e ciascuno le ripeté le sue ragioni, benché, dato che parlavano tutti insieme, Alice trovasse assai difficile capire cosa dicevano di preciso.

La tesi del boia era che non si poteva tagliare una testa se non c'era un corpo da cui tagliarla: non gli era mai capitato di fare una cosa simile prima di allora, e non aveva intenzione di cominciare alla sua età.

La tesi del Re era che qualunque cosa avesse una testa poteva essere decapitata, e poche storie.

La tesi della Regina era che se non si faceva qualcosa in men che non si dica, avrebbe fatto tagliare la testa a tutti quanti, nessuno escluso. (Era stata quest'ultima affermazione a rendere la comitiva tanto seria e ansiosa.)

Ad Alice non venne in mente nient'altro da dire che:

« Il Gatto è della Duchessa: fareste meglio a chiederlo a lei. »

« La Duchessa è in prigione » disse la Regina al boia « portatela qui. » E il boia partì come una freccia.

La testa del Gatto cominciò a dissolversi nel momento stesso in cui il boia se ne fu andato, e quando quello tornò con la Duchessa era scomparsa del tutto; così mentre il Re e il boia correvano qua e là come pazzi alla sua ricerca, il resto della comitiva tornò alla partita.

Capitolo IX
La Storia della Finta Tartaruga

«Non sai quanto sono contenta di rivederti, carina! » disse la Duchessa, prendendo affettuosamente Alice sottobraccio e avviandosi con lei.

Alice fu molto contenta di trovarla così di buonumore, e pensò che forse se era stata tanto intrattabile al loro primo incontro, in cucina, la colpa era solo del pepe.

« Quando sarò Duchessa » si disse (ma senza troppe speranze) « non permetterò che ci sia neanche un granello di pepe nella mia cucina. La minestra è buonissima anche senza... Forse è sempre il pepe che accalora la gente » proseguì, tutta contenta della nuova legge che aveva scoperto « e l'aceto la rende acida... e la camomilla, amara... e... lo zucchero d'orzo e cose del genere danno ai bambini un carattere dolce. Peccato che la gente non se ne renda conto, altrimenti avrebbe la manica più larga... »

A questo punto aveva del tutto dimenticato la Duchessa, e trasalì un poco sentendone la voce vicina all'orecchio. « Carina, tu stai pensando a qualcosa che ti fa dimenticare la conversazione. Così su due piedi non ti so dire qual è la morale di questa faccenda, ma fra un attimo mi verrà in mente. »

« Forse non c'è morale » si arrischiò a osservare Alice.

« Ssss, ssss, bambina! » disse la Duchessa. « Ogni cosa ha una morale, basta saperla trovare. » E mentre parlava, si strinse di più ad Alice.

Ad Alice non piaceva molto trovarsi così a contatto con la Duchessa; in primo luogo perché la Duchessa era bruttissima: e in secondo luogo perché era alta esattamente quanto le consentiva di appoggiare il mento sulla spalla di Alice, e aveva un mento scomodo e aguzzo. Tuttavia, non volendo essere sgarbata, cercò di sopportarlo meglio che poteva.

« Il gioco procede molto meglio ora » disse, tanto per ravvivare un po' la conversazione.

« È vero » disse la Duchessa « e la morale è... "Oh, è l'amore, è l'amore che fa girare il mondo!" »

« Qualcuno ha detto » sussurrò Alice, « che il mondo gira grazie a chi pensa agli affari suoi! »

« Ah, bene! Il senso non cambia » disse la Duchessa, affondandole il mento piccolo e aguzzo nella spalla e aggiungendo: « e la morale è... "Pensa al senso e i suoni si aiuteranno da soli" ».

« Come le piace trovare una morale in ogni cosa! » pensò Alice fra sé.

« Scommetto che ti stai chiedendo perché non ti metto il braccio intorno alla vita » disse la Duchessa, dopo una pausa. « La ragione è che non so se è il caso di fidarsi del tuo fenicottero. Lo faccio, questo esperimento? »

« Potrebbe pizzicarla » rispose cauta Alice, non provando alcun desiderio che l'esperimento avvenisse.

« Verissimo » disse la Duchessa; « i fenicotteri pizzicano, come la mostarda. E la morale è... "Dio li fa e poi li accoppia." »

« Solo che la mostarda non è un uccello » osservò Alice.

« Giusto anche questo » disse la Duchessa « hai una chiarezza di esposizione, tu! »

« Secondo me è un minerale », disse Alice.

« Certo » disse la Duchessa, che sembrava pronta a dare ragione ad Alice in tutto « qua vicino c'è una grande miniera di mostarda. E la morale è... "Più ce n'è di mio, meno ce n'è di tuo." »

« Oh, lo so! » esclamò Alice, che non era stata a sentire quest'ultima frase, « è un vegetale. Non ne ha l'aspetto, ma lo è. »

« Sono assolutamente d'accordo » disse la Duchessa; « e la morale è... "Sii quello che vorresti sembrare"... ovvero, se la vuoi mettere più semplicemente... "Non immaginarti mai diverso da come potrebbe apparire agli altri che quello che eri o potresti essere stato non era diverso da come gli saresti apparso altrimenti." »

« Io credo che lo capirei meglio » disse Alice con molto garbo « se potessi averlo scritto davanti: quando lo dice lei non riesco a seguirla. »

« Non è niente in confronto a quello che potrei dire se volessi » ribatté la Duchessa, compiaciuta.

« Non si disturbi ad allungarlo ancora, la prego » disse Alice.

« Macché disturbo! » disse la Duchessa. « Ti faccio dono di tutto quello che ho detto finora. »

« Bel regalo! » pensò Alice. « Meno male che i regali per la mia festa non sono tutti così! » Ma non osò dirlo a voce alta.

« Ti sei rimessa a pensare? » chiese la Duchessa, affondando di nuovo il suo piccolo mento aguzzo.

« Ho il diritto di pensare » disse Alice secca, perché cominciava a preoccuparsi un po'.

« Tanto quanto » disse la Duchessa, « ne hanno i maiali di volare: e la mo... »

Ma qui, con gran sorpresa di Alice, la voce della Duchessa si spense, nel bel mezzo della sua parola preferita « morale », e un tremito percorse il braccio che stringeva il suo. Alice alzò gli occhi, e vide la Regina piantata davanti a loro, a braccia conserte e aggrondata come un temporale.

« Bella giornata, vostra Maestà! » cominciò la Duchessa con una vocina fioca.

« Ti voglio avvertire di una cosa » gridò la Regina, pestando i piedi: « O tu o la tua testa dovete sparire all'istante! Scegli! ».

La Duchessa scelse, e si eclissò in men che non si dica.

« Andiamo avanti con la partita » disse la Regina ad Alice: e

Alice, che aveva troppa paura per fiatare, la seguì pian piano di ritorno al campo di croquet.

Gli altri ospiti avevano approfittato dell'assenza della Regina per mettersi a riposare all'ombra: ma come la videro, tornarono di corsa al gioco, mentre dal canto suo la Regina si limitava a osservare che un attimo di ritardo sarebbe costato la vita a tutti quanti.

Durante tutta la partita la Regina non smise per un attimo di attaccare briga con gli altri giocatori né di gridare: « Mozzategli il capo! » o « Mozzatele il capo! ». Chi veniva così condannato era preso in custodia dai soldati, che naturalmente dovevano smettere di fare gli archi, in modo che in capo a una mezz'oretta non rimasero più archi, e tutti i giocatori, tranne il Re, la Regina e Alice, furono sotto scorta armata, condannati alla pena capitale.

Allora la Regina smise di giocare, senza più fiato in corpo, e disse ad Alice: « Hai visto la Finta Tartaruga? ».

« No » disse Alice. « La Finta Tartaruga? Non so nemmeno cosa sia. »

« È la cosa con cui si fa la Minestra di Finta Tartaruga » disse la Regina.

« Mai vista né sentita » disse Alice.

« Allora vieni » disse la Regina « ti racconterò la sua storia. »

Mentre si avviavano, Alice sentì il Re che diceva a bassa voce alla comitiva: « Siete graziati, tutti quanti ». « Meno male, una buona notizia! » si disse Alice, perché il numero delle esecuzioni comandate dalla Regina l'aveva messa in un certo disagio.

Ben presto arrivarono da un Grifone che se la dormiva disteso al sole. (Se non sapete cos'è un Grifone, guardate la figura.) « In piedi, pigraccio! » disse la Regina. « Porta questa signorina a vedere la Finta Tartaruga e a sentire la sua storia. Io devo tornare a occuparmi di certe esecuzioni che ho ordinato »; e si allontanò, lasciando Alice sola col Grifone. Ad Alice l'aspetto di quella creatura non piaceva affatto, ma tutto sommato, rifletté, restare con lei non sarebbe stato più pericoloso che seguire quella sanguinaria Regina: e quindi rimase.

Il Grifone si alzò a sedere e si stropicciò gli occhi: poi guardò la Regina finché non fu scomparsa; infine ridacchiò. « Che comica! » disse, mezzo fra sé e mezzo ad Alice.

« Perché? » disse Alice.

« Per lei » disse il Grifone. « È tutta una sua fantasia: non decapitano mai nessuno, sai. Vieni! »

« Non fanno che dirmi tutti "vieni!" in questo posto » pensò Alice, mentre lo seguiva lentamente. « Non ho mai ricevuto tanti ordini in vita mia, mai e poi mai! »

Dopo poco videro in lontananza la Finta Tartaruga che se ne stava sola e triste sopra una piccola sporgenza di roccia, e come si avvicinarono Alice la sentì sospirare come se avesse avuto il cuore spezzato. Alice la compatì sinceramente. « Perché è così triste? » domandò al Grifone. E il Grifone rispose, quasi con le stesse parole di prima: « È tutta fantasia, sai: non ha nessun motivo di dolore. Vieni! ».

Così andarono dalla Finta Tartaruga, che li guardò con occhioni colmi di lacrime, ma non disse niente.

« Questa signorina » disse il Grifone, « vorrebbe proprio sentire la tua storia. »

« Gliela racconto subito » disse la Finta Tartaruga con voce cavernosa. « Sedetevi tutti e due e non fiatate finché non avrò finito. »

Così si misero a sedere, e per qualche tempo nessuno parlò. Alice pensò fra sé: « Non vedo come farà a finire, se non comincia nemmeno ». Ma aspettò con pazienza.

« Una volta » disse finalmente la Finta Tartaruga, con un profondo sospiro « ero una Tartaruga vera. »

Queste parole furono seguite da un silenzio lunghissimo, interrotto soltanto da qualche occasionale esclamazione di « Hjckrrh! » da parte del Grifone, e dai continui, accorati singhiozzi della Finta Tartaruga. Alice fu sul punto di alzarsi e dire: « Grazie tante, signore, per la sua interessantissima storia » ma non potendo pensare che fosse già finita rimase ferma e non disse nulla.

« Quando eravamo piccoli » continuò finalmente la Finta Tartaruga, più calma, ma ancora squassata ogni tanto da un singhiozzo « andavamo a scuola nel mare. Il maestro era una vecchia Tartaruga... lo chiamavamo Testuggine... »

« Perché lo chiamavate Testuggine, se non lo era? »

« Lo chiamavamo Testuggine perché ci dava i libri di testo » disse irritata la Finta Tartaruga. « Sei proprio una sciocca! »

« Dovresti vergognarti di fare domande così stupide » aggiunse il Grifone; e poi tutti e due tacquero fissando la povera Alice, che si sentì sprofondare sottoterra. Da ultimo il Grifone disse alla Finta Tartaruga: « Forza, vecchia mia! Non ci mettere tutto il giorno! » e la creatura proseguì con queste parole:

« Sì, andavamo a scuola nel mare, per quanto voi possiate dubitarne... »

« Io non ho mai detto che non ci credevo! » interruppe Alice.

« Sì, invece » disse la Finta Tartaruga.

« Sta' zitta! » aggiunse il Grifone, prima che Alice potesse aggiungere parola. La Finta Tartaruga proseguì.

« Ricevevamo la migliore educazione possibile... pensate che andavamo a scuola tutti i giorni... »

« Anch'io andavo a scuola tutti i giorni », disse Alice. « Non è il caso di andarne tanto fiera. »

« Lezioni extra comprese? » chiese la Finta Tartaruga, con una punta di ansia.

« Sì » disse Alice « di francese e di musica. »

« E bucato? » disse la Finta Tartaruga.

« Certo che no! » disse Alice, indignata.

« Ah! Allora non era una scuola veramente buona » disse la Finta Tartaruga, molto sollevata. « Alla nostra invece in fondo al programma c'era "Francese, musica e bucato-extra". »

« Ma era tanto necessario? » disse Alice. « Se abitavate in fondo al mare... »

« Io purtroppo non ho mai potuto seguire questi corsi » disse la Finta Tartaruga con un sospiro. « Ho fatto solo quelli regolari. »

« E in che consistevano? » s'informò Alice.

« Rotolamento e Grinze, naturalmente, per cominciare » rispose la Finta Tartaruga; « e poi le varie branche dell'Aritmetica: Ambizione, Distrazione, Bruttificazione e Derisione. »

« Non ho mai sentito parlare della "Bruttificazione" si azzardò a dire Alice. « Che cos'è? »

Il Grifone alzò entrambe le zampe in un gesto di sorpresa. « Non hai mai sentito parlare dell'abbruttimento! » esclamò. « Cos'è l'abbellimento lo saprai, no? »

« Sì » disse Alice in tono di dubbio « vuol dire... fare... le cose... più carine. »

« Be', allora » proseguì il Grifone « se non sai cos'è l'abbruttimento, vuol dire che sei proprio un'ignorante. »

Alice non si sentì incoraggiata a fare altre domande in proposito: così si rivolse alla Finta Tartaruga, e disse: « Che altro dovevate studiare? ».

« Be', c'era il Mistero » rispose la Finta Tartaruga, contando le materie sulle pinne, « il Mistero, antico e moderno, con la Marografia; poi il Trascinamento... il maestro di Trascinamento era un vecchio gongro che veniva una volta la settimana: è stato lui a insegnarci il Trascinamento, lo Stiramento e lo Svenimento Spirale. »

« Lo Svenimento Spirale! E com'era? » disse Alice.

« Purtroppo io non posso mostrartelo » disse la Finta Tartaruga. « Sono troppo rigida. E il Grifone non l'ha mai imparato. »

« Non ho avuto il tempo » disse il Grifone. « Però io sono andato dal maestro di Materie Classiche. Quello sì che era un vecchio granchio. »

« Io da lui non ci sono mai stata » disse con un sospiro la Finta Tartaruga. « Insegnava Riso e Cruccio, dicevano. »

« Come no, come no » disse il Grifone, sospirando a sua volta; ed entrambe le creature si nascosero il volto fra le zampe.

« E quante ore di lezione al giorno facevate? » disse Alice, che aveva fretta di cambiare argomento.

« Dieci ore il primo giorno » disse la Finta Tartaruga « nove il giorno dopo, e via dicendo. »

« Che sistema curioso! » esclamò Alice.

« Per questo si chiamano lezioni » osservò il Grifone, « diminuiscono ogni giorno. »

Il concetto era totalmente nuovo, e Alice lo rimuginò un poco prima di riaprire bocca. « Allora l'undicesimo giorno era vacanza? »

« Certo » disse la Finta Tartaruga.

« E il dodicesimo che facevate? » continuò Alice, interessatissima.

« Basta parlare di lezioni » interruppe il Grifone in tono molto deciso. « Adesso raccontale qualcosa dei giochi. »

Capitolo X
La Quadriglia delle Aragoste

La Finta Tartaruga esalò un profondo sospiro, e si passò il dorso di una pinna sugli occhi. Guardò Alice e fece per parlare, ma per qualche tempo i singhiozzi le velarono la voce.

« È come se le fosse rimasta una spina in gola » disse il Grifone; e si mise a scuoterla e a darle dei colpi nella schiena. Finalmente la Finta Tartaruga recuperò la voce e, con le lacrime che le scorrevano lungo le guance, riprese:

« Forse non avrete passato molto tempo sott'acqua... » (« Io no » disse Alice) « e forse non vi è mai nemmeno capitato di venir presentati a un'aragosta... » (Alice fece per dire: « Io una volta ho assaggiato... » ma si corresse subito, e disse: « No, mai ») « ...e quindi non potete avere un'idea di che cosa deliziosa sia una Quadriglia di Aragoste! »

« No, davvero » disse Alice. « Che tipo di ballo è? »

« Dunque » disse il Grifone « dapprima si fa una fila tutti quanti, lungo la spiaggia... »

« Due file! » gridò la Finta Tartaruga. « Foche, tartarughe, salmoni e via dicendo: poi, una volta tolte di mezzo tutte le meduse... »

« E in genere ci vuole un bel po' di tempo » interruppe il Grifone.

« ... si avanza per due... »

« Ciascuno in coppia con un'aragosta! » esclamò il Grifone.

« Certo » disse la Finta Tartaruga « si avanza per due, in coppia... »

« Si cambia aragosta e si torna indietro nello stesso ordine » continuò il Grifone.

« Poi, naturalmente » proseguì la Finta Tartaruga « si tirano le... »

« Le aragoste! » gridò il Grifone, con un salto in aria.

« ... in mare, più lontano che si può... »

« E le insegui a nuoto! » urlò il Grifone.

« Fai un salto mortale nell'acqua! » gridò la Finta Tartaruga, eseguendo folli capriole.

« Si ricambiano le aragoste! » berciò il Grifone con quanta voce aveva in corpo.

« Si torna a terra, e... qui finisce la prima figura » disse la Finta Tartaruga, abbassando improvvisamente la voce; e le due creature, che finora avevano saltato qua e là come pazze, si rimisero a sedere molto calme e tristi, e guardarono Alice.

« Dev'essere un ballo molto carino » disse Alice, timida.

« Ti piacerebbe di vederne un po'? » disse la Finta Tartaruga.

« Moltissimo » disse Alice.

« Su, proviamo la prima figura! » disse la Finta Tartaruga al Grifone. « Possiamo farla anche senza aragoste. Chi canta? »

« Oh, canta tu » disse il Grifone. « Non mi ricordo più le parole. »

Così si misero a ballare solennemente intorno ad Alice, pestandole i piedi ogni tanto, quando le passavano troppo vicini, e agitando le zampe anteriori per segnare il tempo, mentre la Finta Tartaruga cantava, molto lentamente e tristemente, così:

« Ma lo acceleri un po' il passo? » fa un merluzzo a una lumaca,
« Ho qua dietro un marsuino che la coda mi ha pestata.
Con che passo l'aragosta con la tartaruga avanza!
Sono lì sulla battigia... Non partecipi alla danza?
Cipa, nonpa, cipa, nonpa, cipa, non partecipi alla danza?

« Come sia corroborante non puoi mica immaginare
Quando insieme alle aragoste finiremo in mezzo al mare! »
Ma risponde la lumaca, « È lontano! » e con creanza
Ringraziando quel merluzzo, non partecipa alla danza.
Nonpa, nonpa, nonpa, nonpa, non partecipa alla danza.
Nonpa, nonpa, nonpa, nonpa, non partecipa alla danza.

« Cosa importa se è lontano? » torna a insistere l'amico.
« Laggiù in fondo c'è una riva, sono io che te lo dico.
Più lasci l'Inghilterra, più vai verso la Francia...
Perciò non farti pallida, partecipa alla danza.
Cipa, nonpa, cipa, nonpa, ci partecipi alla danza?
Cipa, nonpa, cipa, nonpa, non partecipi alla danza?

« Grazie, molto interessante questo ballo » disse Alice, molto contenta che fosse finito « e come mi piace quella strana canzone sul merluzzo! »

« Ah, a proposito del merluzzo » disse la Finta Tartaruga « i merluzzi... ne hai visti, vero? »

« Sì » disse Alice « li vedo spesso a ce... » si controllò in fretta.

« Ce? Non lo conosco, questo posto » disse la Finta Tartaruga; « ma se li hai visti tante volte, saprai certo che aspetto hanno. »

« Sì, credo » rispose Alice soprappensiero. « Hanno la coda in bocca... e sono tutti coperti di briciole di pan secco. »

« Qui ti sbagli » disse la Finta Tartaruga « le briciole se ne vanno con l'acqua di mare. Ma la coda in bocca ce l'hanno davvero; e la ragione è... » qui la Finta Tartaruga fece uno sbadiglio e chiuse gli occhi. « Digliela tu la ragione, e il resto » disse al Grifone.

« La ragione è » disse il Grifone « che volevano andare al ballo con le aragoste. Perciò si sono fatti buttare in mare. Dovevano cadere per un bel tratto, e allora si sono presi la coda in bocca e hanno stretto i denti, tanto che poi non sono più riusciti a mollarla. Tutto qui. »

« Grazie » disse Alice. « Molto interessante. Non avevo mai saputo tante cose sui merluzzi. »

« Posso raccontartene ancora, se vuoi » disse il Grifone. « Lo sai perché si chiama merluzzo? »

« Non ci ho mai pensato » disse Alice. « Perché? »

« *Perché merlustra le scarpe e gli stivaletti* » rispose il Grifone con molta solennità.

Alice ne fu completamente sconcertata. « Come, merlustra le scarpe? » ripeté in tono meravigliato.

« Perché, a te le scarpe con cosa le puliscono? » disse il Grifone. « Voglio dire, che cos'è che le fa brillare? »

Alice se le guardò e rifletté un poco prima di dare la sua risposta. « Le lustrano col lucido, credo. »

« In fondo al mare scarpe e stivaletti » continuò il Grifone con voce profonda, « vengono lustrati col bianchetto. Ora lo sai. »

« E di che sono fatti, scarpe e stivaletti? » chiese Alice, assai incuriosita.

« Di sogliole e anguille, naturalmente » rispose il Grifone, con una certa impazienza « questo te lo poteva dire qualunque scampo. »

« Se fossi stata il merluzzo », disse Alice, che continuava a pensare alla canzone, « avrei detto al marsuino: "Indietro, per piacere! Non ti vogliamo con noi!". »

« Erano costretti a portarselo dietro » disse la Finta Tartaruga. « Nessun pesce assennato viaggia senza un marsuino. »

« Davvero? » disse Alice, in tono molto sorpreso.

« Certo » disse la Finta Tartaruga. « Se un pesce venisse da me a dirmi che parte per un viaggio, gli chiederei subito: "Con quale marsuino?". »

« Non vuoi dire "scopo"? » disse Alice.

« Voglio dire quello che dico » rispose la Finta Tartaruga in tono offeso. E il Grifone aggiunse: « Avanti, sentiamo un po' di *tue* avventure ».

« Potrei raccontarvi le mie avventure... a cominciare da stamattina » disse Alice un po' timidamente « ma risalire fino a ieri sarebbe inutile, perché allora ero una persona diversa. »

« Spiega tutto ciò » disse la Finta Tartaruga.

« No, no! Prima le avventure » disse il Grifone con impazienza « sono sempre così lunghe e noiose, le spiegazioni. »

Così Alice si mise a raccontare le sue avventure dalla prima volta che aveva visto il Coniglio Bianco. Dapprincipio era un po' nervosa, perché quelle due creature le stavano quasi addosso, una da una parte e una dall'altra, con occhi e bocche talmente spalancati; ma andando avanti si rinfrancò. I suoi ascoltatori stettero buoni buoni finché non arrivò al punto in cui aveva recitato "*Babbo William, sei vecchio*" al Bruco, e le parole erano venute tutte diverse; allora la Finta Tartaruga tirò un sospirone e disse: « Curiosissimo! ».

« È tutto straordinariamente curioso » disse il Grifone.

« È venuto tutto diverso! » ripeté pensierosa la Finta Tartaruga. « Mi piacerebbe che provasse a recitare qualche altra cosa adesso. Dille di cominciare. » Guardò il Grifone come attribuendogli una sorta di autorità su Alice.

« In piedi, e recita "*Riconosco il poltrone*" » disse il Grifone.

« Guarda un po' come comandano a bacchetta, queste creature; anche la lezione ti fanno dire! » pensò Alice. « Tanto varrebbe essere a scuola. » In ogni modo, si alzò e cominciò a recitare, ma aveva la testa ancora tanto piena della Quadriglia delle Aragoste, da sapere a stento quello che si diceva; e le parole vennero davvero assai strane:

« Riconosco l'Aragosta: l'ho sentita dichiarare
"Mi hai tenuta troppo in forno, debbo il crine inzuccherare".
Come un'anatra col ciglio, così quella col suo naso
Si abbottona la cintura, gira l'alluce all'occaso.
Quando è asciutto l'arenile, spensierata qual fringuello
Per sparlare dello squalo fa formare un capannello:
Ma se sale la risacca e ritorna il pescecane
Con la voce come un filo tremolante ella rimane. »

« È diversa da come la dicevo io da piccolo » disse il Grifone.

« Be', io non l'avevo mai sentita » disse la Finta Tartaruga; « ma mi sembra uno straordinario mucchio di sciocchezze. »

Alice non disse nulla: era rimasta a sedere col viso fra le mani, domandandosi se le cose sarebbero mai tornate a succedere nel modo normale.

« Mi piacerebbe farmela spiegare » disse la Finta Tartaruga.

« Lei non ne è capace » disse in fretta il Grifone. « Dicci la strofa che viene dopo. »

« Ma, e quegli alluci? » insistette la Finta Tartaruga. « Come faceva a voltarli all'occaso? Lo sai tu? »

« Li voltava in fuori; è la prima posizione della danza » disse Alice; ma tutta la faccenda la rendeva terribilmente perplessa, e ansiosissima di cambiare argomento.

« Avanti con la strofa che viene dopo » ripeté il Grifone. « Comincia "*Nel giardino notai.*" » Alice non osò disobbedire, benché fosse certa che sarebbe venuta fuori tutta sbagliata anche questa, e continuò con voce tremante:

« Nel giardino notai, guardando un po' spiccio,
La Pantera ed il Gufo spartirsi un pasticcio.
La Pantera la crosta, la salsa e il filetto,
Ed il Gufo ebbe il piatto per tutto banchetto.
Alla fine il pennuto da quel buongustaio
Ricevette licenza di tenersi il cucchiaio:
Con forchetta e coltello, e grugnendo "Mi stufo",
La Pantera concluse mangiandosi... »

« A che serve recitare tutta questa roba » interruppe la Finta Tartaruga « se non la spieghi via via? È di gran lunga la cosa più complicata che abbia mai sentito! »

« Sì, secondo me faresti meglio a smettere » disse il Grifone, e Alice fu anche troppo contenta di obbedire.

« Vogliamo provare un'altra figura della Quadriglia delle Aragoste? » proseguì il Grifone. « O vorresti che la Finta Tartaruga ti cantasse un'altra canzone? »

« Oh, una canzone, per favore, se la Finta Tartaruga fosse così cortese » rispose Alice, con tanta foga che il Grifone disse, in tono alquanto offeso: « Hm! Tutti i gusti sono gusti! Che ne dici di cantarle *"Zuppa di Tartaruga"*, vecchia mia? ».

La Finta Tartaruga emise un profondo sospiro, e cominciò, con voce soffocata dai singhiozzi, a cantare così:

« Bella Zuppa, verde e fiera
Nella tua calda zuppiera!
Rallegreresti qualsiasi truppa!
Zuppa notturna, o bella Zuppa!
Zuppa notturna, o bella Zuppa!
  Bee-eella Zu-uuppa!
  Bee-eella Zu-uuppa!
Zu-uu-uppa noo-ottur-naaa,
  o bella Zuppa!

Bella Zuppa! Chi riesce
a anteporti carne o pesce?
Chi non andrebbe anche in scialuppa
A divorare la bella Zuppa?
A divorare la bella Zuppa?
  Bee-eella Zu-uuppa!
  Bee-eella Zu-uuppa!
Zu-uu-uppa noo-ottur-naaa,
  O bella ZUPPA! »

« Coro di nuovo! » esclamò il Grifone, e la Finta Tartaruga aveva appena cominciato a ripeterlo, quando in lontananza si udì gridare: « Comincia il processo! ».

« Andiamo! » esclamò il Grifone, e presa Alice per mano, corse via senza neanche attendere la fine della canzone.

« Che processo è? » ansimava Alice nella corsa; ma il Grifone si limitò a rispondere: « Vieni! » accelerando il passo, mentre sempre più indistinte giungevano, trasportate dalla brezza che li seguiva, le malinconiche parole:

« Zu-uu-uppa noo-oottur-naaa,
O bella Zuppa! »

Capitolo XI
Chi ha rubato le Paste?

Al loro arrivo il Re e la Regina di Cuori erano seduti sul trono, circondati da una gran folla: c'erano uccelli e piccoli animali di ogni specie, nonché tutto il mazzo di carte al completo; in piedi davanti a loro c'era il Fante, in ceppi e guardato da due soldati, uno per parte; e accanto al Re c'era il Coniglio Bianco, con una tromba in una mano e un rotolo di papiro nell'altra. Al centro esatto della Corte c'era un tavolo con sopra un gran piatto di paste: sembravano così buone che al vederle Alice sentì subito l'acquolina in bocca. « Si sbrigassero con questo processo » pensò « e passassero in giro i rinfreschi! » Ma una tale possibilità sembrava alquanto remota; così per passare il tempo Alice si mise a osservare quanto la circondava.

Alice non era mai stata in un tribunale, ma ne aveva letto nei libri, e fu molto contenta di constatare che sapeva il nome di quasi tutto quello che c'era. « Quello è il giudice » si disse « per via della parrucca. »

Il giudice, fra parentesi, era il Re; e siccome portava la corona sopra la parrucca (guardate il frontespizio se volete vedere come faceva), non sembrava affatto a suo agio, né certamente offriva un bello spettacolo.

« E quello è il banco della giuria » pensò Alice; « e quelle dodici creature » (Alice fu costretta a dire « creature » capite, perché di queste alcune erano animali, ed altre uccelli) « debbono essere i giurati. »

Ripeté quest'ultima parola due o tre volte, fra sé, con una certa fierezza: perché pensava, e con ragione, che ben poche bambine della sua età ne conoscevano il significato. Ad ogni modo « membri della giuria » sarebbe andato altrettanto bene.

I dodici giurati erano tutti impegnatissimi a scrivere sulle loro lavagnette. « Che fanno? » sussurrò Alice al Grifone. « Perché prendono appunti? Il processo non è ancora cominciato. »

« Scrivono il loro nome » sussurrò di rimando il Grifone « per paura di dimenticarlo prima della fine del processo. »

« Che stupidi! » cominciò indignata Alice, a voce alta; ma si arrestò subito, perché il Coniglio Bianco gridò: « Silenzio in aula! » e il re inforcò gli occhiali e si guardò ansiosamente intorno, per vedere chi stava parlando.

Alice vide altrettanto bene che se si fosse trovata alle loro spalle che tutti i giurati scrivevano « Che stupidi! » sulle loro lavagne, e notò perfino che uno di loro non sapeva come si scrive « stupido », ed era costretto a chiedere aiuto al vicino. « Bel pasticcio saranno quelle lavagne prima della fine del processo! » pensò Alice.

Uno dei giurati aveva la matita che strideva. Naturalmente quel rumore dava un fastidio insopportabile, e Alice fece il giro dell'aula, gli andò dietro e ben presto trovò il modo di portargliela via. Lo fece così rapidamente che il povero piccolo giurato (si trattava di Bill, la Lucertola) non fece in tempo a vedere che fine aveva fatto la matita; e dopo averla cercata dappertutto fu costretto a scrivere con un dito per tutto il resto della giornata, con ben scarsi risultati, dato che il dito non lasciava segni sulla lavagna.

« Araldo, leggi l'accusa! » disse il Re.

Al che il Coniglio Bianco emise tre squilli di tromba, e poi svolse il papiro e lesse quanto segue:

« La Dama di Cuori con tutti gli onori
    Dei dolci imbandì;
Il Fante di Cuori con altri signori
    Quei dolci rapì. »

« Pronunciate il verdetto » disse il Re ai giurati.

« Non ancora, non ancora! » si affrettò a interromperlo il Coniglio. « Prima c'è un sacco di cose! »

« Chiamate il primo testimone » disse il Re; e il Coniglio Bianco emise tre squilli di tromba, e disse a gran voce: « Venga il primo teste! ».

Il primo teste era il Cappellaio. Venne con una tazza di tè in una mano e una fetta di pane e burro nell'altra. « Chiedo venia, Maestà » cominciò « per l'introduzione di questi oggetti; ma non avevo finito di prendere il tè quando sono stato convocato. »

« Dovresti aver finito a quest'ora » disse il Re. « Quando avevi cominciato? »

Il Cappellaio guardò la Lepre Marzolina, che lo aveva seguito in aula a braccetto del Ghiro. « Mi pare che fosse il quattordici marzo » disse.

« Il quindici » disse la Lepre Marzolina.

« Il sedici » disse il Ghiro.

« Mettete a verbale » disse il Re ai giurati; e i giurati si affrettarono a scrivere tutte e tre le date sulle lavagnette, per poi sommarle e ridurre il risultato in scellini e pence.

« Togliti il tuo cappello » disse il Re al Cappellaio.

« Non è mio » disse il Cappellaio.

« *Rubato!* » esclamò il Re voltandosi alla giuria, che subito prese nota della cosa.

« Li tengo per venderli » aggiunse il Cappellaio a mo' di spiegazione « non ne ho di miei. Faccio il cappellaio. »

A questo punto la Regina inforcò a sua volta gli occhiali e si mise a fissare il Cappellaio, che impallidì e si agitò nervosamente.

« Pensa alla tua deposizione » disse il Re; « e non t'innervosire o ti farò giustiziare sul posto. »

Questo non parve affatto incoraggiare il teste: il Cappellaio continuò a spostare il proprio peso da un piede all'altro, guardando molto a disagio la Regina, e dall'imbarazzo invece del pane e burro addentò un gran pezzo della tazza.

In questo preciso momento Alice provò una sensazione molto curiosa, che la rese assai perplessa finché non si fu resa conto di cos'era: stava crescendo di nuovo, e sulle prime pensò di alzarsi e di uscire dall'aula; ma ripensandoci decise di restare dov'era finché ci fosse stato posto.

« Non potresti spingere un po' meno? » disse il Ghiro, che le stava accanto. « Quasi non respiro. »

« Non ci posso far niente » disse Alice con molta dolcezza. « Sto crescendo. »

« Non hai il diritto di crescere proprio qui » disse il Ghiro.

« Non dire sciocchezze » disse Alice con più audacia; « anche tu cresci, no? »

« Sì, ma io cresco a una velocità ragionevole » disse il Ghiro « non in questo modo ridicolo. » E si alzò molto imbronciato per passare all'altra estremità dell'aula.

Durante tutto questo tempo la Regina non aveva mai cessato di fissare il Cappellaio, e proprio mentre il Ghiro attraversava il tribunale disse a uno degli uscieri della Corte: « Portami la lista dei cantanti dell'ultimo concerto! » al che il povero Cappellaio si mise a tremare tanto che perse tutt'e due le scarpe.

« Fai la tua deposizione » ripeté il Re infuriato « o nervoso o non nervoso, ti farò giustiziare. »

« Sono un pover'uomo, Maestà » cominciò il Cappellaio con voce tremante, « e avevo appena cominciato a prendere il tè... da non più di una settimana circa... con tutto che il pane e burro continuava a diminuire... e il brillìo del tè... »

« Il brillìo di cosa? » disse il Re.

« È cominciato col tè » rispose il Cappellaio.

« Cominciato con me? » disse il Re, secco. « Cosa vorresti insinuare? Continua! »

« Sono un pover'uomo » continuò il Cappellaio « e la maggior parte delle cose brillò da allora in poi... solo che la Lepre Marzolina disse... »

« Non è vero! » si affrettò a interromperlo la Lepre Marzolina.

« Sì che è vero! » disse il Cappellaio.

« Nego! » disse la Lepre Marzolina.

« Nega » disse il Re « lascia perdere questa parte. »

« Be' in ogni modo, il Ghiro disse... » continuò il Cappellaio, guardandosi intorno ansioso per vedere se per caso avesse avuto intenzione di negare anche quello; ma il Ghiro non negò nulla, dato che se la dormiva della grossa.

« In seguito » continuò il Cappellaio, « mi affettai ancora un po' di pane e burro... »

« Ma che disse il Ghiro? » domandò uno dei giurati.

« Questo non me lo ricordo » disse il Cappellaio.

« Devi ricordarlo » osservò il Re « o ti farò giustiziare. »

Il povero Cappellaio lasciò cadere tazza e pane e burro, e chinò un ginocchio a terra. « Sono un pover'uomo, Maestà » cominciò.

« Sei un povero oratore » disse il Re.

A questo punto uno dei Porcellini d'India applaudì, e fu immediatamente represso dagli uscieri della Corte. (Siccome è una parola difficile, vi spiegherò come fecero. Avevano un gran sacco di tela con l'apertura fornita di lacci: ci ficcarono dentro il Porcellino d'India, a testa in giù e poi ci si sedettero sopra.)

« Sono contenta di avere visto come si fa » pensò Alice. « Ho letto tante volte sui giornali, alla fine dei processi: "Un tentativo di applauso fu immediatamente represso dagli uscieri della Corte" e finora non avevo mai capito che voleva dire. »

« Se è tutto qui quello che sai, puoi scendere » continuò il Re.

« Più di così non posso scendere » disse il Cappellaio « mi trovo già sul pavimento. »

« Allora puoi sederti » rispose il Re.

Qui l'altro Porcellino d'India applaudì, e fu represso.

« E così non ci sono più Porcellini d'India! » pensò Alice. « Bene, ora ci sbrigheremo. »

« Preferirei finire il mio tè » disse il Cappellaio, scoccando un'occhiata ansiosa alla Regina, che stava leggendo la lista dei cantanti.

« Vai pure » disse il Re, e il Cappellaio lasciò l'aula in fretta, senza nemmeno fermarsi a mettersi le scarpe.

« ... e appena fuori, mozzategli il capo », aggiunse la Regina a un usciere; ma prima che quello facesse in tempo ad arrivare alla porta il Cappellaio era sparito.

« Chiamate il teste successivo! » disse il Re.

Il teste successivo era la cuoca della Duchessa. Aveva in mano la scatola del pepe, e Alice la riconobbe ancor prima che entrasse in aula da come la gente sulla porta si era messa tutt'a un tratto a starnutire.

« Fai la tua deposizione » disse il Re.

« No » disse la cuoca.

Il Re guardò ansioso il Coniglio Bianco, che disse a voce bassa: « Vostra Maestà deve sottoporre il teste al controinterrogatorio ».

« Be', se proprio devo » disse il Re con aria malinconica, e dopo avere incrociato le braccia e fissato la cuoca aggrottando la fronte fino quasi a far sparire gli occhi, disse con voce profonda: « Di che sono fatte le paste? ».

« Soprattutto di pepe » disse la cuoca.

« Di melassa » disse una voce assonnata dietro di lei.

« Agguantate quel Ghiro! » strillò la Regina. « Decapitate quel Ghiro! Sbattete quel Ghiro fuori dell'aula! Reprimetelo! Prendetelo a pizzicotti! Mozzategli i baffi! »

Per qualche minuto tutto il tribunale fu sottosopra, durante l'espulsione del Ghiro, e quando ognuno tornò al suo posto, la cuoca era scomparsa.

« Non fa niente! » disse il Re, con gran sollievo. « Chiamate il teste successivo. » E aggiunse sottovoce alla Regina: « Davvero, mia cara, bisogna che al prossimo teste il controinterrogatorio glielo faccia tu. Mi è venuto un mal di testa! ».

Alice guardò il Coniglio Bianco che annaspava sulla lista, provando una viva curiosità di vedere come sarebbe stato il teste successivo « ... perché finora non hanno raccolto molte prove » si disse. Immaginate la sua sorpresa quando il Coniglio Bianco lesse, con tutta la forza della sua vocetta stridula, il nome di « Alice! ».

Capitolo XII
La Deposizione di Alice

« **P**resente! » esclamò Alice, del tutto dimentica nell'eccitazione del momento di quanto era cresciuta negli ultimi minuti; e saltò su con tale fretta da spazzare il banco dei giurati con l'orlo della sottana, facendoli capitombolare tutti quanti, prima in testa alla folla sottostante, e poi lunghi distesi qua e là, con effetto che le ricordò moltissimo quello di un vaso di pesci che aveva rovesciato involontariamente la settimana prima.

« Oh, vi chiedo scusa! » esclamò in tono addoloratissimo, e si mise a raccoglierli più in fretta che poteva, perché continuava ad avere in testa l'episodio del vaso di pesci, e le sembrava vagamente che bisognasse raccoglierli subito e rimetterli nel palco della giuria, altrimenti sarebbero morti.

« Il processo non può continuare » disse il Re con voce molto grave « finché tutti i giurati non saranno tornati al loro posto... tutti quanti » ripeté con grande enfasi, fissando severamente Alice.

Alice guardò il banco della giuria e vide che nella fretta aveva messo la Lucertola a testa in giù, e la poverina agitava mestamente la coda, del tutto impossibilitata a muoversi. Subito Alice la riprese e la raddrizzò; « non che faccia una gran differenza » si disse; « mi sa che in una posizione o nell'altra il suo apporto al processo sia più o meno uguale ».

Non appena la giuria si fu un po' ripresa dall'emozione di trovarsi sottosopra, e lavagnette e matite furono state ritrovate e ridistribuite, tutti si accinsero con molta diligenza a scrivere un resoconto dell'incidente, tutti tranne la Lucertola, che sembrava troppo sopraffatta per fare altro che starsene seduta a bocca aperta, a guardare il tetto dell'aula.

« Che ne sai tu di questa faccenda? » disse il Re ad Alice.

« Niente » disse Alice.

« Niente di niente? » insistette il Re.

« Niente di niente » disse Alice.

« Questo è molto importante » disse il Re, rivolgendosi ai giurati. I quali stavano appena cominciando a scriverlo sulle lavagne, quando il Coniglio Bianco interruppe: « Molto *poco* importante, vuol dire la Maestà vostra, naturalmente » disse con molto rispetto, ma acigliandosi e facendo una smorfia.

« Sì, certo, poco importante, questo volevo dire » disse il Re in fretta, e continuò fra sé sottovoce: « importante... poco importante... poco importante... importante... » come studiando quale suonasse meglio.

Qualche giurato scrisse « importante » e qualcun altro « poco importante ». Alice lo vide benissimo, poiché era abbastanza vicina da guardare sulle lavagne; « ma non fa la minima differenza » pensò fra sé e sé.

In questo momento il Re, che per qualche tempo era stato indaffarato a scrivere nel suo taccuino, disse forte: « Silenzio! » e lesse ad alta voce dal suo libro: « Legge numero Quarantadue. *Tutte le persone alte più di un chilometro e mezzo debbono allontanarsi dalla Corte* ».

Tutti guardarono Alice.

« Io non sono alta più di un chilometro e mezzo » disse Alice.

« Sì, invece » disse il Re.

« Circa tre chilometri » aggiunse la Regina.

« Be', comunque sia, non me ne vado » disse Alice; « e poi, non vale, voi avete inventato la legge in questo momento. »

« È la legge più antica di tutto il codice » disse il Re.

« Allora dovrebb'essere il Numero Uno » disse Alice.

Il Re impallidì e chiuse in fretta il taccuino. « Pronunciate il verdetto » disse alla giuria, con voce bassa e tremante.

« Ci sono altre prove, con licenza di vostra Maestà » disse il Coniglio Bianco, saltando su di scatto « è stato appena rinvenuto questo foglio. »

« Che contiene? » disse la Regina.

« Non l'ho ancora aperto » disse il Coniglio Bianco; « ma si direbbe una lettera, scritta dall'imputato a... a qualcuno. »

« Dev'essere così » disse il Re « a meno che non sia stata scritta a nessuno, il che peraltro capita di rado. »

« A chi è indirizzata? » disse uno dei giurati.

« Non porta alcun indirizzo » disse il Coniglio Bianco « anzi, sull'esterno non c'è scritto niente. » Aprì il foglio mentre parlava e aggiunse: « Non è una lettera, dopotutto: è una poesia ».

« La scrittura è dell'imputato? » chiese un altro giurato.

« No » disse il Coniglio Bianco « e questa è appunto la cosa più strana. » (Tutti i giurati parvero perplessi.)

« Avrà imitato la scrittura di qualcun altro » disse il Re. (Tutti i giurati si rasserenarono.)

« Con licenza di vostra Maestà » disse il Fante « io non l'ho scritta, e del resto la cosa non sarebbe dimostrabile: infatti non è firmata. »

« Se non hai firmato » disse il Re « non hai fatto che peggiorare le cose. Evidentemente le tue intenzioni non erano buone, altrimenti avresti firmato come una persona perbene. »

A questo ci fu un battimani generale: era la prima cosa veramente sensata che il Re avesse detto quel giorno.

« Ciò prova la sua colpevolezza » disse la Regina « dunque, mozza... »

« Ciò non prova un bel niente! » disse Alice. « Ma se non sapete nemmeno di che parla! »

« Leggila » disse il Re.

Il Coniglio Bianco inforcò gli occhiali. « Da dove incomincio, di grazia, Maestà? » chiese.

« Comincia dal principio » disse il Re, molto grave « e vai avanti finché non arrivi alla fine: allora fermati. »

Sull'aula scese un silenzio mortale, mentre il Coniglio Bianco leggeva forte questi versi:

« Da lei sei dunque andato, e
 A lui mi hai reso noto;
Lei ti parlò bene di me,
 Ma disse che non nuoto.

Lui mandò quindi a dir che io
 Non m'ero mosso (è vero):
Se lei insistesse a parer mio
 Saresti meno fiero.

Io uno a lei, due loro a lui,
 A noi tu tre ne hai dati:
Poi tutti a te li die' costui,
 Ma miei erano stati.

Se io o lei per caso fossimo
 Mischiati in questo affare,
Tu noi secondo lui con lor
 Dovresti liberare.

> A me era sempre parso che
> (Le venne un accidente)
> Tu fra lei noi e lui
> Non ci capissi niente.
>
> A lui che lei li preferì
> Bisognerà tacere:
> Questo non dovrà uscir di qui,
> Ma fra noi rimanere. »

« È la prova più importante che abbiamo ascoltato finora » disse il Re, fregandosi le mani; « pertanto ordino che i giurati... »

« Se uno solo di loro è capace di spiegarla » disse Alice (negli ultimi minuti era talmente cresciuta da non aver più il minimo timore di interromperlo) « gli regalo una moneta da sei soldi. Per me non contiene un atomo di senso. »

Tutti i giurati scrissero sulle lavagne: « Per lei non contiene un atomo di senso » ma nessuno si provò a spiegare il significato del foglio.

« Se non ha senso » disse il Re « la cosa ci risparmia un bel po' di fatica, visto che non avremo bisogno di cercarlo. Però non saprei » continuò, aprendosi sul ginocchio il foglio con i versi e guardandoli con un occhio solo; « un po' di significato mi pare di vedercelo, dopotutto. *"...ma disse che non nuoto..."* tu non sai nuotare, vero? » aggiunse, rivolto al Fante.

Il Fante scosse tristemente il capo. « Ne ho forse l'aria? » disse. (E certo non l'aveva, essendo fatto interamente di cartone.)

« Bene, fin qui » disse il Re; e proseguì borbottando fra sé sui versi: « *"Lei ti parlò bene di me..."* Alla giuria, è chiaro... *"Se lei insistesse..."* Questa dev'essere la Regina... *"Saresti meno fiero..."* E lo credo! *"Io uno a lei, due loro a lui, a noi tu tre ne hai dati..."* Qui si allude certo a quello che ha fatto dei dolci... »

« Ma poi dice *"tutti a te li die' costui"* » disse Alice.

« E infatti eccoli qui! » disse il Re trionfante, indicando i dolci sul tavolo. « Niente potrebb'essere più limpido. E poi, ancora... *"le venne un accidente..."* a te non sono mai venuti accidenti, vero, cara? » disse alla Regina.

« Mai! » disse la Regina inferocita, tirando un calamaio alla Lucertola. (Il povero piccolo Bill aveva smesso di scrivere col dito sulla sua lavagnetta, visto che tanto non lasciava segni; ma ora si affrettò a rimettersi al lavoro, servendosi dell'inchiostro che gli colava giù per il viso, finché ce ne fu.)

« Allora ogni riferimento a te è *accidentale* » disse il Re, guardando intorno l'aula con un sorriso.

Ci fu un silenzio di tomba.

« È una freddura! » aggiunse irritatissimo il Re, e tutti risero. « Che la giuria pronunci il verdetto » disse il Re, per circa la ventesima volta di quel giorno.

« No, no! » disse la Regina. « Prima la sentenza e poi il verdetto. »

« Che idiozia! » disse forte Alice. « Voler cominciare dalla sentenza! »

« Chiudi il becco! » disse la Regina facendosi paonazza.

« Neanche per sogno! » disse Alice.

« Mozzatele il capo! » gridò la Regina con quanta voce aveva. Nessuno si mosse.

« A chi credete di far paura? » disse Alice (a questo punto aveva riacquistato le sue dimensioni normali). « Non siete che un mazzo di carte! »

A queste parole tutto il mazzo si alzò in aria e ridiscese in picchiata su di lei; Alice emise uno strilletto, mezzo di paura e mezzo di rabbia, cercando di scrollarsi le carte di dosso; e si trovò distesa sulla panca, con il capo in grembo a sua sorella, che le stava delicatamente togliendo dal viso delle foglie morte scese volteggiando dagli alberi.

« Svegliati, Alice, cara! » diceva sua sorella. « Che dormita hai fatto! »

« Ho fatto un sogno così curioso! » disse Alice. E raccontò alla sorella meglio che poté tutte queste sue strane Avventure che avete appena finito di leggere; e quand'ebbe finito, la sorella le dette un bacio e disse: « Certo è stato un sogno curioso, cara; ma ora corri a prendere il tè: si sta facendo tardi ». Così Alice si alzò e scappò via, ripensando meglio che poteva durante la corsa a che sogno meraviglioso era stato.

Ma sua sorella rimase ferma a sedere proprio dove Alice l'aveva lasciata, con la testa appoggiata sulla mano, a guardare il sole al tramonto e a pensare alla piccola Alice e a tutte le sue meravigliose Avventure, finché anche lei non si mise a sognare in un certo modo, e questo fu il suo sogno:

Dapprima sognò proprio la piccola Alice in persona: la riebbe lì ad abbracciarle le ginocchia con le manine, gli occhi lucenti e pieni di desiderio fissi nei suoi... udì ancora l'esatta intonazione della sua voce, e rivide quel suo strano vezzo di buttare indietro il capo per respingere i capelli capricciosi che le scendevano sempre sugli occhi... e mentre ascoltava, o le pareva di ascoltare, tutto il luogo intorno a lei divenne vivo delle strane creature del sogno della sua sorellina.

I lunghi fili d'erba frusciavano ai suoi piedi per il passaggio frettoloso del Coniglio Bianco... il Topo spaventato sguazzava nel vicino laghetto... udiva il tintinnìo delle tazze della Lepre Marzolina e dei suoi amici seduti al loro pasto interminabile, e la voce stridula della Regina che mandava al patibolo i suoi disgraziati ospiti... ancora una volta il porcellino di latte starnutiva in braccio alla Duchessa, fra i tonfi di pentole e piatti... ancora una volta lo strillo del Grifone, lo stridore della matita della Lucertola e il rantolo dei Porcellini d'India repressi riempirono l'aria, frammisti ai singhiozzi lontani dell'infelice Finta Tartaruga.

Così se ne restò lì a occhi chiusi, quasi credendosi nel Paese delle Meraviglie, pur sapendo che le sarebbe bastato riaprirli e tutto sarebbe ridiventato la prosaica realtà... l'erba avrebbe fruscìato smossa soltanto dal vento, e il laghetto si sarebbe increspato sotto l'ondeggiare dei giunchi... il tintinnìo delle tazzine da tè sarebbe ridiventato quello delle campane delle pecore, e gli strilli acuti della Regina la voce del pastorello... e gli starnuti del bambino, lo stridere del Grifone e tutti gli altri rumori si sarebbero mutati (lo sapeva) nel clamore confuso dell'aia affaccendata... mentre i muggiti delle mucche lontane avrebbero sostituito gli accorati singhiozzi della Finta Tartaruga.

Infine, si immaginò come questa sua stessa sorellina sarebbe diventata anche lei una donna adulta, nei tempi a venire; e come durante gli anni più maturi avrebbe serbato il cuore semplice e affettuoso della sua infanzia; e come avrebbe riunito intorno a sé altri bambini, e avrebbe fatto a sua volta brillare di desiderio i *loro* occhi con molti racconti strani, forse perfino con il sogno del Paese delle Meraviglie di tanto tempo prima; e come avrebbe diviso tutti i loro semplici dolori e goduto di tutte le loro semplici gioie, nel ricordo della sua fanciullezza, e dei felici giorni d'estate.

Indice

Lewis Carroll

- V *La vita*
- VII *L'opera*
- XI *La fortuna*
- XIII *Bibliografia*

ALICE NEL PAESE DELLE MERAVIGLIE

- 5 Capitolo I
  Nella Tana del Coniglio
- 12 Capitolo II
  Il Laghetto delle Lacrime
- 19 Capitolo III
  Una Corsa Elettorale e una Lunga Storia
- 26 Capitolo IV
  Il Coniglio presenta un Conticino
- 35 Capitolo V
  I Consigli di un Bruco
- 45 Capitolo VI
  Porco e Pepe
- 55 Capitolo VII
  Un Tè di Matti
- 64 Capitolo VIII
  Il Croquet della Regina
- 73 Capitolo IX
  La Storia della Finta Tartaruga

81 CAPITOLO X
   La Quadriglia delle Aragoste
89 CAPITOLO XI
   Chi ha rubato le Paste?
96 CAPITOLO XII
   La Deposizione di Alice

OSCAR LEGGERE I CLASSICI

Catullo, Poesie
Freud, Totem e tabù
Conrad, Cuore di tenebre
Flaubert, Madame Bovary
Shakespeare, Amleto
Kierkegaard, Aut-Aut
Goethe, Le affinità elettive
Dumas A. (padre), I tre moschettieri
Brontë E., Cime tempestose
Cartesio, Discorso sul metodo
Wilde, Il ritratto di Dorian Gray
Dostoevskij, Il giocatore
Platone, Simposio - Apologia di Socrate
Maupassant, Bel-Ami
Machiavelli, Il principe
Tolstoj, La sonata a Kreutzer
Virgilio, Bucoliche - Georgiche
Balzac, Papà Goriot
Conan Doyle Arthur, Il mastino dei Baskerville
Marco Aurelio, Pensieri
Cesare, Le guerre in Gallia
Stevenson, L'Isola del Tesoro

Confucio, Dialoghi
Baudelaire, I fiori del male
Poe, Il pozzo e il pendolo e altri racconti
Carroll, Alice nel Paese delle Meraviglie
Verne, Ventimila leghe sotto i mari
Collodi, Le avventure di Pinocchio
Hugo, Notre-Dame de Paris
Wilde, Il principe felice - Una casa di melograni
London, Zanna Bianca
Verne, Michele Strogoff
Renard, Pel di carota
Cooper, L'ultimo dei mohicani
Beaumarchais, Il Barbiere di Siviglia - La Madre colpevole
Dickens, Ballata di Natale
Vamba, Il giornalino di Gian Burrasca
Dumas A. (padre), Il conte di Montecristo
Gautier, Il capitan Fracassa
London, Il richiamo della foresta

Salgari, Il Corsaro Nero
Daudet, Tartarino di Tarascona
Dumas A. (padre), Vent'anni dopo
Garnett, Pocahontas

Sienkiewicz, Quo vadis?
Ellery Queen, I denti del drago
Jerome, Tre uomini in barca
Stevenson, La freccia nera
Stevenson, Viaggio in canoa

39101
1997